新版 中国語入門Q&A 101

相原茂
木村英樹
杉村博文
中川正之

著

大修館書店

ま え が き

　本書は中国語を学んでいくうえで，多くの学習者が出会う，ごく基本的な疑問について問答(*Question & Answer*)形式で答えたものである。取り上げたQは中国語に接してすぐに感じるような疑問から，学びはじめて1～2年の間に抱くような素朴な問題ばかりである。

　しかし，このような，素朴かつ基本的な疑問こそが実はしばしば最も解答に窮する。本書には，これまで明快な形では答えられることのなかった，このようなQが少なからず含まれている。この意味で「入門Q&A」と銘打ってはいるが，それは*Question*が「入門的」であることを表しているにすぎない。もとより，回答は，なるべくやさしく明快であるように務めたが，ときには高度なレベルにまで説き及んだものもある。複雑な問題をできうるかぎり真正面から答えようとしたためである。

　素朴にして身近な疑問であれば，必ずしも言語に関するものばかりとは限らない。中国料理や動物のイメージ，年号の話といったQも含まれている。ただ，これらについてもあくまで「ことば」と関わりをもたせて答えるようにした。

　原稿は著者四名が互いに眼を通しあい，批評しあって成ったものである。面白くてタメになる，これまでに例のない書物にしようと力を注いだつもりではあるが，なお多くの誤解や欠点が含まれているに違いない。これらについては読者からの忌憚のないご指摘を待ちたい。

本書の前身は300号を迎えての記念誌,『月刊 中国語 増刊号』(1985年7月,大修館書店)に一挙に掲載した「中国語問答　66問 Wèn×66答 Dá+α」である。これに修訂を施し,さらに30項目ほど新たに稿を起こし「Q＆A 101」とした。

101の数字に深い意味はないが,これをスタートに今後102,103……と育っていって欲しいという,ささやかな願いが込められている。それには,読者諸氏から「これはなぜだ?」という質問が数多く寄せられることが前提となろう。私たちは現在,『中国語』誌上においてQ＆A欄を担当しているが,これを機にさまざまな質問が今後,同誌編集部宛に寄せられるよう心より願っている。

巻末には回答にあたり参考にした主な文献を掲げてあるが,初歩的・基本的問題に答えるという本書の性格上,回答が多くの先学の知見の上になりたっていることは言をまたない。

最後に,本書がこのような形で出版されることを快諾された「中国語友の会」に,また,編集の労を惜しまれず著者の非力をカバーしてくださった大修館書店の舩越國昭,黒崎昌行の両氏に,さらに日ごろ我々の意表を突くようなユニークな質問をしてくれた学生諸君に,心からなる感謝の言葉を述べたい。

1987年春

著　者

『新版』まえがき

　本書の初版を上梓してからもう十数年が経つ。初版の元となった『月刊　中国語　増刊号』（中国語友の会編）から数えれば，二十年弱の月日が流れたことになる。

　初版は幸いにして多くの方々に好評のうちに迎えられ版を重ねてきた。この間の中国社会の変化は想像をはるかに超えるものがあり，その影響を受けてことばも変化してきた。ただ，ことばの流行り，廃りはあるものの，その底流となる原理は当時とそれほど変化しているわけではない。今回の『新版』では，古くなった話題を差し替え，あわせて不備な点は改め，補い，現在の状況にあったものとした。初版同様，多くの方々にご利用いただけるよう願ってやまない。

　2003 年春

著　者

も　く　じ

まえがき　　i
『新版』まえがき　　iii

1　"普通话"と方言
1. "汉语"と"普通话"　　1
2. "中国话"と"中文"　　2
3. 中国語はただひとつ？——中国の方言　　5
4. 方言とは??　　8
5. "北京话"と"普通话"の発音の違い　　10
6. 広い中国——僕の中国語で通じますか　　13
   カコミ：中国語がうまくなるコツは　　15

2　言葉と社会
7. 日常の挨拶の仕方　　16
8. 「行って来ます」から「おやすみ」まで　　17
9. 「先日はどうも」——お礼のいい方　　19
10. 敬語はありますか？　　20
11. 婉曲表現あれこれ　　22
12. 女性言葉がありますか？　　25
13. ウイスキーは中国語で……?　　27
14. 「立ち入り禁止」は中国語でどう言うか　　30
15. 結婚式に"寿"の字は不吉?!　　32
16. 日中比較"鬼"論　　33

17. 中国語の色彩語　34
18. 中国人の身振り　36
19. 中国の聾啞教育　41

3　発音のポイント

20. 中国語にもまたアルファベットが出てくる⁉　43
21. 第三声の出し方　46
22. 声調符号はどこにつける？　47
23. あいまい怪音 e　48
24. yúncai（"云彩"）が yínzài に聞こえる　52
25. 有気音の出し方のポイントは？　53
26. 中国語に濁音はない⁉　55
27. -n と -ng の区別をおしえて下さい　58
28. zhi, chi, shi, ri は舌をまく？　60
29. "不" bù と "一" yī の声調変化　61
30. "哪里" nǎli 型と "姐姐" jiějie 型　63
31. "谁" は shéi か shuí か？　65
32. ローマ字つづりと実際の音とのズレ　68

4　日本語と中国語

33. 「熱い水がほしい」　71
34. アナタ　コレ　ノム　ヨロシイ　74
35. 和製漢字——「峠」はどう読む？　75
36. 日本語になった中国語　76
37. 中国語になった日本語　79
38. 女子大生の私を「オバサン」とは！　82
39. 「奥さん」は "爱人" で，「お母さん」が "娘"⁉　84

40. 今に生きる故事成語　86
41. 祖父の「中国語」？　88
42. 日本語の小説の中国語訳はありますか　89

5　日中漢字問答

43. 中国語はタテ書き，それとも，ヨコ書き？　92
44. 中国語の漢字の読みは一通りだけか　94
45. 漢字をどうして"汉字"にするのか　96
46. 日中の漢字の統一は可能か　98
47. わからない字はどうする？　100
48. 中国の略字のしくみは？　102
49. ウカンムリはタカラブタ　105
50. 俗字について　107
51. 中国の小学校の漢字のテストは？　109

6　数と量の落とし穴

52. 量詞"个"はどこまで使える　112
53. "二"èrと"两"liǎng　115
54. 「1」の読み方──「314号室」と「14号室」　117
55. "一百一"は101に非ず！　119
56. "几个人"と"一些人"　120
57. "一本本子"はなぜおかしい？　121

7　まぎらわしい語彙と語法

58. 中国語に品詞はあるか　124
59. "不"bùと"没有"méiyou　126
60. 「できる」は「できる」でも　129

61. "-的、-地、-得"の使い分け　132
62. カニはどのように道を歩くか　135
63. "哪"の文法　137
64. "谁" shéi と "什么人" shénme rén　140
65. 「貸す」も「借りる」も "借" jiè !?　143
66. "走" と "去" のちがい　146
67. "也" "都" はどこにかかる？　147
68. 中国語の「過去時制」　148
69. テンスとは？　アスペクトとは？　150
70. "多" duō の文法　151
71. "我跟他一样高。"　154
72. "又…又…" と "也…也…"　156
73. 同じ「きれい」でも　157
74. "很" の話　159
75. ミステイクには "把" を　161
76. "早来" と "来早"　162
77. 「きみのはどれ？」　164
78. 中国語版 *a girls' school*　165
79. r化ってなに？　168

8　ことば遊び

80. タケヤブ　ヤケタ——回文　171
81. 謎の国の「なぞなぞ」　173
82. ナマムギ, ナマゴメ——早口ことば　177
83. 中国の駄洒落・軽口——"歇后语"　180
84. 中国のしりとり遊び　182
　カコミ：熟年からの中国語　184

9　名前あれこれ

85. 北京はペイチン，東京はトンチン　185
86. 私は「ひろみ」——かなを中国語では？　186
87. 名前は何文字？　187
88. 彼女の名は「英敏」?!　188
89. あの"老舍"は Lǎo Shě, それとも Lǎo Shè ?　190
90. 魯迅の本名はなんという？　194

10　中国語ものしり問答

91. 東と西でなぜ「物」になる　197
92. 中国語でも母はマーマ，父はパーパ　199
93. 動物のイメージ　201
94. 中国のウマは鳴かない!?　204
95. 「ラーメン」ください　206
96. 「チンヂャオロース」に「ホイコーロー」　208
97. 中国の鉄道路線　210
98. 「李行徳お父さんへ」——手紙の宛て名の書き方　212
99. 年号の話　214
100. ジャンケンポンは中国語？　215
101. スズメとマージャン　217

参考文献　219

1

"普通话"と方言

1 "汉语"と"普通话"

Q 「中国語」と言う時,"中国话" Zhōngguóhuà,"中文" Zhōngwén,"汉语" Hànyǔ,"普通话" pǔtōnghuà などいろんな言い方があるようですが,それぞれどんな違いがあるのでしょう。

A "中国话"と"中文"についてはQ-2を参照していただくことにして,ここでは"汉语"と"普通话"について説明しましょう。

まず"汉语"という呼び方ですが,これは広い意味と狭い意味の両方で使われます。広い意味というのは「漢民族の言語」という意味の場合です。およそ12億にのぼる中国の人口のうちで9割以上を占める漢民族,その漢民族が日常使用している言葉がすなわち"汉语"です。もっとも,ひと口に"汉语"とは言っても,実はいくつもの方言に分かれていて,それぞれの方言間の差は決して小さくありません(☞Q-3)。上海語も広東語もともに"汉语"の中の一方言ですが,一方が上海語,一方が広東語で会話をしたら,まともなコミュニケーションの成立は望めそうにありません。

もちろん，そんなことではこまりますから，漢民族全体に通じる共通語というものが必要になります。そこで，一定の規範化をへた漢民族のための標準語というものが形成されることになるわけですが，それが"普通话"（☞Q-5, Q-6）です。すなわち，"普通话"とは「漢民族の共通語」，言い換えれば「標準語としての"汉语"」のことです。そして，これを指してまた"汉语"と呼ぶこともあります。狭い意味で用いる"汉语"とはこのことです。書店に行くと《现代汉语××》といった類の文法書や語学概説書が各種並んでいますが，そこで言われている"汉语"とは一般に，この狭い意味での"汉语"，すなわち標準語としての"汉语"のことであり，ほかならぬ"普通话"を指すものです。《现代汉语八百词》然り，《现代汉语词典》然りです。

ここまで言えばもうおわかりのように，私たちの「中国語」という呼び方は，実は"汉语"という呼び方に対応するものです。「中国語にはたくさんの方言がありまして」などと言う場合の「中国語」とはすなわち広い意味での"汉语"を指すものですし（☞Q-2），「テレビ中国語会話」の「中国語」とは狭い意味での"汉语"すなわち"普通话"のことを指しているわけです。中国で《日汉词典》とか《汉日词典》と呼ばれているものが，日本では『日中辞典』とか『中日辞典』と呼ばれるのも同様の対応です。

2 "中国话"と"中文"

Q 「中国語」と言う時，"中国话" Zhōngguóhuà と言ったり，"中文" Zhōngwén と言ったりしますが，なにか違

いがあるのでしょうか。

━━━━━━━━━━━━━━━━━━━━━━━━━━━

A　"中国话"という呼び方は，"话"の字が本来「はなし」の意（つまり"说话"shuōhuàの"话"）であるためでしょう，一般に「話される」中国語，すなわち口頭言語としての中国語を指して使われる傾向が強いものです。例えば，「あの留学生はペラペラの流暢な中国語を話す」というような時も"中国话"を使って"那个留学生说一口流利的中国话。"Nèige liúxuéshēng shuō yì kǒu liúlì de Zhōngguóhuà. と言ったりします。今は亡き偉大な中国言語学者趙元任 Zhào Yuánrèn の名著《*A Grammar of Spoken Chinese*》を手に取られたことのある方は，その中国語タイトルが《中国话的文法》であったこと，つまり *Spoken Chinese* の訳に"中国话"があてられていたことを思い出されることでしょう。

ただし，この"中国话"，なぜか中国人のネイティヴ・スピーカーの中には「あまり中国語らしくない」とか「外国人がよく使う呼び方で，私たちは使わない」などと言う人が少なくありません。私自身の体験から言っても，確かに"我说汉语，你懂吗？"Wǒ shuō Hànyǔ, nǐ dǒng ma？（私が中国語をしゃべるの，きみわかるかい？）とか，"你会不会中文？"Nǐ huì bu huì Zhōngwén？（中国語できますか？）といった質問をされることは往々あっても，"你会不会中国话？"Nǐ huì bu huì Zhōngguóhuà？といったような質問を中国国内で中国人自身の口から聞いた覚えがあまりありません。ついでながら，"法国话"Fǎguóhuà，"德国话"Déguóhuà"英国话"Yīngguóhuà なども，"法语、法文；德语、德文；英语、英文"などに比べて一般的ではないようです。フランスが"法国"なら，フランス語は"法国话"でもよさそうなものですが，実際

には"法语、法文"のほうが常用されます。私たちが「英国」と言い「英語」とは言っても「英国語」とは言わない，といったような問題に通じているのか，あるいは"～话"という形は"北京话、上海话"のように，方言の名称に使われるのが一般で，外国語の名称には"～语"や"～文"の形を使うのが一般，というような意味用法の分担が進みつつあるのか，目下理由は定かではありませんが，ともかく"中国话"をはじめとして"～国话"という形を常用しないネイティヴ・スピーカーが少なからずいるということは事実のようです。もっとも，そんなネイティヴ・スピーカーも，"他都会些哪国话？" Tā dōu huì xiē něi guó huà?（彼は全部で何語と何語ができるの？）というように，疑問形については"～国话"の形を抵抗なく常用しているのですから，言葉とはおもしろいものです（なお，"中国话"が「中国語らしくない」という話し手たちは"汉语口语" Hànyǔ kǒuyǔ あるいはただの"汉语"という呼び方で，「話される」中国語つまり口頭言語としての中国語を指しているとのことです）。

　さて，次に"中文"ですが，こちらは誰もがよく用いる常用度の高い呼び方です。"他学过中文。" Tā xuéguo Zhōngwén. のように，いわゆる「中国語」*Chinese language* 一般を指して用いられもしますが，何と言ってもやはり"文"の字がモノを言っており，文字言語としての中国語つまり「書かれた中国語」を指すのが本来のようです。そのことは，例えば，中国語で書かれた新聞や小説を"汉语报" Hànyǔ bào とか"汉语小说" Hànyǔ xiǎoshuō とは言わずに"中文报" Zhōngwén bào，"中文小说" Zhōngwén xiǎoshuō と言うこと，また「中国語を上手に読む」と言えば"念汉语"よりも，"念中国话"よりも，"念中文念得很好" niàn Zhōngwén niànde hěn hǎo が適切であること，逆に「中国語がペラペラ話せる」

の場合は"中文"は不向きで，"他汉语说得很流利。"Tā Hànyǔ shuōde hěn liúlì. または"他中国话说得很流利。"Tā Zhōngguóhuà shuōde hěn liúlì. のほうが適切だ，といったことなどによく物語られています。

　少し余談になりますが，このように「文字化された中国語」すなわち「書かれた中国語」の意味を本来とする"中文"が，一方で広く「中国語」一般の意味でも用いられるあたりは，「文字」イコール「言語」，やや極端な言い方をすれば，「書かれたものとしてあるもの」それこそが「中国語」（さらに言い換えれば「中国語」とは音声であるよりも何よりもまず「文字」つまり"文"であり"字"zì である）とでも言わんばかりの，いかにも「文字の国」の人たちらしい言語意識の一端をうかがわせるようで興味深く感じられます。

3 中国語はただひとつ？——中国の方言

Q 近所に華僑の一家が住んでいます。20年ほど前に台湾から移ってきたそうですが，そこの家のお年寄りの話される言葉がテレビの中国語会話の中国語とはかなり異質な感じに聞こえて，あれが同じ中国語だとはとても思えません。私の聞き方が悪いのでしょうか。

A 日本語にも関西弁や東北弁など，いろいろな方言があるように，中国語にもたくさんの方言があります。一般に「七大方言」と呼ばれて，

1) 北方方言　　華北・華中および西南
2) 呉　方　言　　江蘇・浙江
3) 湘(しょう)方　言　　湖南
4) 贛(かん)方　言　　江西
5) 客家(はっか)方言　　広東・広西・福建の一部
6) 粤(えつ)方　言　　広東
7) 閩(びん)方　言　　福建・台湾

というように大別されていますが，それぞれの方言の中には更にいくつかの小さな方言が含まれており，その数は実に夥しいものになります。

　私たちが学校やラジオ・テレビの中国語講座で習っているのは，どの方言にも属さない標準語としての中国語であり，"普通话" pǔtōnghuà と呼ばれるものです。

　ところで問題のお年寄りの言葉ですが，それはおそらく七大方言のうちの閩方言，中でも特に「閩南語」（通称「台湾語」）と呼ばれているものではないでしょうか。

　中国はなにぶんあれだけ歴史が長く，国土も広い国ですから，方言差もたいへんなもので，それぞれの人が自分のお国言葉でしゃべったら話がまるで通じないというようなことも珍しくありません。

　声調ひとつを取り上げても，少ないものは3種類の声調しかもたないし，多いものになると，10種類もの声調をもつ方言さえあると報告されています。そのお年寄りの言葉がもし閩南語だとすれば，それは私たちが習う"普通话"よりも3つも多い7つの声調をもつ方言ですし，子音の種類にしても"普通话"にはない濁音が存在したり，韻尾に-p，-t，-kのつまる音があったりと，いろんな点で"普通话"とは違った特徴をもつものです。テレビ

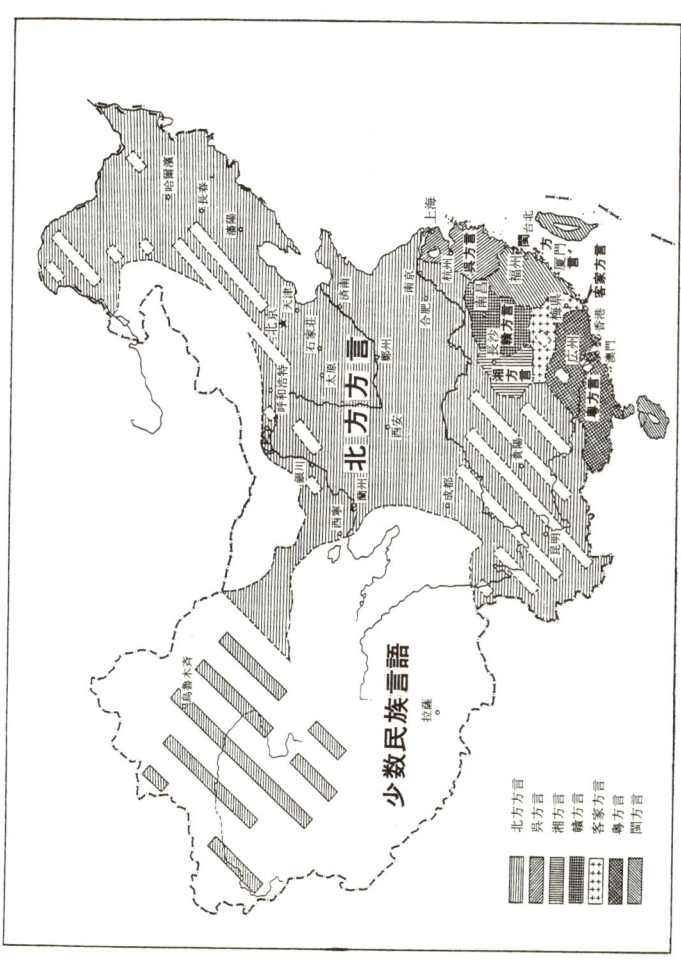

講座で聴く中国語とずいぶん印象が違って聞こえるのも無理はありません。閩方言は海外の華僑の中にもそれを母語とする人がたくさんいて，特にフィリピン，シンガポール，タイなどの東南アジア諸国に多いようです。

華僑といえば，粤方言もまた華裔や華僑の中に多くの話し手をもつ方言の一つです。その話し手は東南アジアやアメリカに多く分布しています。香港・マカオ・アメリカなどのいわゆる"唐人街"Tángrénjiē（チャイナ・タウン）の華僑社会では粤方言，とりわけ「広東語」が共通語になっています。以前，北京の友誼商店で，香港からの旅行客が広東語と"普通話"を両方操れる若い中国人の通訳に付き添われて買物をしている光景を見かけたことがあります。

私の学生にジャッキー・チェンの大ファンという女の子がおりますが，彼が話すのも広東語だというので，その学生は学校で習う"普通話"のほかに，広東語のテキストやテープを買いこんで独習しているようです。

4 方言とは？？

Q 中日辞典を使っていると〈方〉と表示のある語（方言）がかなりあることに気づきます。"普通话"pǔtōnghuàの辞典であれば，発音は方言そのままではないのだと思います。こういう語彙はどう考えればよいのでしょうか。

A 私たちが方言というと，例えば北海道で寒いことを「しばれる」と言う。会津では可愛いことを「めごい」などと言う。発音は実は少々違い，アクセントも違います。が，まあ同じ日本語ですから，ひらがなで書き，そのまま読む。それで基本的には通じる。知らない人は「ええっ」と驚いた顔をする。そんなところでしょう。

中国語でも，"普通话"に取り込まれた方言というのは基本的には上と同じです。

話を簡単にするために，ある単語を取り上げましょう。第1人称の「わたし」は，北京語では"wo"，東北の人はよく"an"と言います。上海語では"ala"です。まあ，こういう「わたし」を表す語はよく出てくるので，他の方言の人も知識として知っている。英語の*you*を知っているようなものです。

そこで本や漫才でもちょくちょく出てくる。そのときに方言音そのままに正確に発音されるか，というとそうでもない。漫才の中では似たような発音で言われる。本では，これも国際音標文字で表記というわけにもゆかず，適当な漢字を当てることになる。"我"や"俺"，"阿拉"です。

方言はそれ独自の音韻体系をもっています。すでに述べたように，方言という言葉からわれわれが想像するのと違い，もう全然分からない，一種の外国語のようなものです。そこで英語と中国語の例で話せばこうなります。

たとえば*coffee*。この英語の単語は，それなりのアクセントと発音を有しています。これが中国語の"普通话"の中にはいると，"咖啡" kāfēi となります。これは音訳と言われていますが，厳密には原音といくつかのズレがあります。アクセントの位置が違います。あらたに中国語の声調が加わりました。音声そのも

のも *coffee* と kāfēi ではズレがある。母音，子音すべて違う。英語を"普通话"の中に取り入れるというのはこういうことです。*whisky*, *chocolate* など，音訳と言われているものを思い出してください。

"普通话"の中に取り入れられた方言語，それは中国語の中に取り入れられた外国語のようなものだ，ちょっと乱暴ですが，こう考えるとわかりやすいでしょう。方言には正式な文字がない場合が通常ですから，"普通话"ではそれらは音が似ている適当な漢字によって表記されます。音だけでなく，意味も考慮することは，外国語の音訳とこれまた同じです。

5 "北京话"と"普通话"の発音の違い

Q 北京で留学生活を送った大学の先輩や友人たちが異口同音に，実際の北京語と授業で習う"普通话" pǔtōnghuà の発音はかなり違うと言うのですが，なぜそんなに違うのでしょうか。具体的にはどんな違いがあるのでしょうか。

A ご存知のように，北京語（"北京话" Běijīnghuà）とは，中国全土の漢民族の間で話されている実に夥しい数の方言の中の一つであり，"普通话"とは漢民族全体の共通語として規範化された標準語です。確かに，"普通话"は「北京語音を標準音とする」とされているように，北京方言の発音を基準にしたものではありますが，それはあくまでも，一定の整理をへて体

系化され，かなり整然とモデル化された上での北京語の音韻体系（「北京語音系」）を規範の基礎とする，という意味であって，北京の街角でアイスキャンディーを売っているおばあさんの生粋の北京なまりをそっくりそのまま"普通话"の標準音とする，という意味ではありません。

「標準音」としてモデル化される過程では随分といろいろな北京語本来の特徴や，いわゆる北京なまりなどが捨象されたり，いくらかの"加工"jiāgōng が施されたりしていますから，それをお手本とした"普通话"の発音——例えばラジオのアナウンサーの発音——と，土着のありのままの北京語との間には想像以上の隔たりが感じられるものです。ためしに，次の北京語の文を発音して，その意味を考えてみて下さい。

　　　mme　　bǎi　　zhǐ　　biāde　　zhèher.
　　　①　　　②　　　③　　　④⑤　　　⑥

いかがでしょうか。まず最初の mme は wǒmen（"我们"）が短くつづまった形です。このように，日常の会話において，連続音がつづまって発音されたり，あるいは軽声化が頻繁に行われたりするために母音や子音が脱落したり変化したりするという現象は，北京語の大きな特徴の一つに数えられています。例えば，bù zhīdào（"不知道"）が bùrdào になったり，duōshao qián（"多少钱"）が dū(o)r qián になったり，ěrduo（"耳朵"）が ěrdo になったり，Wǒ gàosu nǐ a.（"我告诉你啊。"）が Wo gào niya. と発音されたりするのがその例です。

　次に②の bǎi は介詞 bǎ（"把"）の北京なまりです。このように"普通话"の発音と比較的近くて，しかし，少し何か音が余計に加わっているという例も純粋の北京語には多数見かけられます。

⑥の zhèher もその一つで、これは zhèr ("这儿") の北京なまりです。ちなみに、nàr ("那儿") は nàher、nǎr ("哪儿") は nǎher と発音されます。③の zhǐ は、これは "普通话" と同様の "纸" zhǐ。

問題は次の biāde ですが、まず biā というのを《新华字典》で引いてみても恐らくそんな発音の字は見当たらないはずです。そもそもこういう音節は、教科書の音節一覧表にも存在しません。これは実は「張りつける」という意味の動詞で北京語だけに存在して、"普通话" には収められていない音節であり語彙なのです。この種のものも、「極めて」という意味の副詞の tēi や、「(茶碗などを)こわす」という意味の cèi をはじめとして数多くあります。最後に残った⑤の de は、"住在北京" zhù zài Běijīng のように「動詞＋"在"＋場所語」という構造に現われる "在" に相当するもので、北京方言ではこのように軽声の de をしばしば用います。

そんなわけで、先の北京弁が言わんとするところは結局 "我们把纸帖在这儿。" Wǒmen bǎ zhǐ tiē zai zhèr. (私たちは、紙をここにはる。) ということだったのです。

ここに紹介したのはほんの一例でして、"普通话" と異なる北京語独自の音声的特徴というのはほかにもまだまだあります。北京語に顕著な特徴とされていて、"普通话" にも多く取り入れられている r 化音 ("皮儿" pír〔ギョーザなどの皮〕、"土豆儿" tǔdòur〔ジャガイモ〕、"伴儿" bànr〔つれ；仲間〕、"粒儿" lìr〔粒〕など) にしても、実際の北京方言の r 音は舌先を器用に弾く感じで——日本語で「トゥルルル」と早く発音した時の「ル」の感じに少し似て——発音されることがあり、私たちがラジオ講座などで教わる "普通话" の r 音とは一味違った感じに聞こえるものです。r

化音で思い出しましたが，私が宿泊していた北京のホテルのボーイさんの中に，生粋の北京っ子がいて，彼などは同僚の陳さんや盧さんを"小陈儿" Xiǎo-Chénr，"小卢" Xiǎo-Lúr と呼んでいました。人の苗字さえも r 化するあたりがいかにも r 化好きの北京っ子らしく，まさしくべらんめえといった感じがしたものです。

6 広い中国——僕の中国語で通じますか

Q 中国には方言がたくさんあるそうですが，日本の大学やテレビ・ラジオで習う中国語で，あの広い中国どこでも通じるのでしょうか。

A 現在日本の大学やテレビ・ラジオで一般に教えている中国語は"普通话" pǔtōnghuà と呼ばれる漢民族の共通語です。「漢民族の」とわざわざ断ったのは，ご承知のように中国は多民族国家であり，漢民族以外にモンゴル族・チベット族・ウイグル族・朝鮮族・満州族……等々，公称 55 を数える少数民族がおり，それぞれ固有の文化と言語をもっているからです。ただし，人口は圧倒的に漢民族が多く，全人口の約 91% が漢民族で占められています。

漢民族の共通語"普通话"は，発音は北京語音に，基礎語彙は北方語に，文法規範は近・現代の言文一致体の著作に，それぞれの基礎をおいています。「基礎をおいている」というのは，そっくりそのままの形で採用するのではなく，それらを基礎にしてさまざまな人工的標準化を繰り返し，"普通话"を造り上げていく

という意味です。東京の言葉を中心にした，日本語の標準語の形成・発展と同じようなものだと言って大差ないでしょう。

さて，このような"普通话"が，日本の約26倍という広大な面積をもち，所によっては一山越えれば，一川渡れば言葉が通じないと言われるほどに方言差の激しい中国のどこに行っても通じるか否かということですが，どういう地方の人でも，相手がある程度の学校教育を受けたことのある人であれば，それも若い人であれば，まず間違いなく通じます。もし地方の人で教育を受けたことのないお年寄りや，就学前の児童が相手ですと，通じない可能性のほうが高いでしょう。私は河南省のある農村で4，5歳ぐらいの男の子に"你几岁？" Nǐ jǐ suì？（坊や何歳？）と聞いて分かってもらえなかった経験があります。

以前のことですが，中国の囲碁のマメ棋士代表団と数日生活を共にしたことがあります。北京はもとより，上海・西安・福州・成都・広州といろんな地方の子供たちがいましたが，全員"普通话"が上手で，会話には一切支障がありませんでした。しかし彼等がそれぞれのお国言葉で話し始めますと，これはもうお互いに外国人同然でさっぱり通じません。

中国の主要な方言間の差はちょっと理解し難いほどで，発音・語彙・文法のすべてにわたって大きく隔っています。従来，発音や語彙に比べ差は大きくないと言われていた文法でも，実際は相当に異なっていることがわかってきています。それだけに"普通话"の普及は大きな意味をもっており，かつては漢字という文字が統一の紐帯であった社会が，今では"普通话"という口頭言語によって結ばれた社会へと変貌しつつあります。

教育の普及，マスコミの発達，インターネットの拡大などによって，これからますます"普通话"の普及がすすんでゆくで

しょう。どうぞ安心して、今あなたが学んでいる中国語の学習をお続けください。

中国語がうまくなるコツは

Q 中国語会話がはやくうまくなるコツを教えて下さい。

A ありません。時間をかけて、多く聞き、多く話すことです。日本人は外国語が下手だと言われますが、これは日本人に語学の才がないということではなく、語学の勉強・練習に時間をかけないということにすぎません。ちなみに、日本で出版されている中国語の教科書とアメリカのを比べて見れば一目瞭然です。エール大学出版のそれは日本の電話帳ほどの厚さです。もし中国人と話すチャンスがあれば、「私はあなたの便宜を考えて、不自由をして外国語である中国語で話してやっている」というぐらいの気持ちで堂々とやることです。

2 言葉と社会

7 日常の挨拶の仕方

Q 中国では親しい二人が路で会ったとき交わす挨拶は"你吃饭啦？" Nǐ chī fàn la？（もうごはん食べた？）と言うのだと聞きましたが，"你好！" Nǐ hǎo！ではないのですか。

A 日常的な挨拶としての"你吃了吗？" Nǐ chīle ma？とか，"你吃饭啦？"は，日々の暮らしが楽ではなかった下層の庶民の間において，普段よく顔を会わす者同志が交わした気軽な挨拶です。現在では60歳以上の人でないと使わないかもしれません。大学のキャンパスなどで聞かれる"你吃了吗？"は，もちろん文字通りに「もうごはん食べた？」であって，型通りの挨拶ではありません。"你吃了吗？"のような挨拶が成立する背景には，直前に何をしてきたか，今何をしているか，今から何をしようとしているか，これを聞き，これに答えることが挨拶表現になるという中国語の特徴があります。

"你好！"はかなりあらたまった，フォーマルな挨拶表現で，朝昼晩を問わず使うことができます。また初対面の人に対して

「初めまして，よろしく」の意味で使うこともできれば，旧知の人に対して「お久しぶりです，最近どうしていますか」くらいの意味で使うこともできます。後者の意味に対しては，"吗" ma や"吧" ba をつけて，"你好吗？"とか，"你还好吧？"という場合が多いかもしれません。

8 「行って来ます」から「おやすみ」まで

Q 「行って来ます」「お帰りなさい」とか，「いただきます」「ごちそうさま」のようなきまり文句はどう言えばよいのか教えて下さい。

A 中国語では一日の生活の中の節目々々で使われる常套句の種類が日本語よりも少ないようです。まず日本語の「行って来ます」ですが，これは，お父さんが出勤する時も，子供が学校へ行く時も，お母さんが買い物に出る時もみな使える便利なきまり文句です。中国語にはこういうおきまりの常套句がありません。場合に応じて"我上班啦！" Wǒ shàng bān la！（私は出勤します），"我上学啦！" Wǒ shàng xué la！（私は学校へ行きます），"我去买东西啦！" Wǒ qù mǎi dōngxi la！（私は買物に行きます）のように言って出掛けるのです。帰って来た時は，子供なら，親に"爸爸" Bàba！とか"妈！" Mā！とただ一言だけ呼びかける習慣があるようですが，年長者は別に何も言わずに黙って帰って来ます。そして，それを迎えるほうにもまた別段何かきまり文句があるわけではありません。少しあらたまったり，客扱い

する相手には"你回来啦!"Nǐ húilai la！(あなたは帰って来ましたね)と声を掛けることもありますが，私たちの「お帰りなさい」ほど常套的ではないようです。それに「お帰りなさい」は見かけは命令文の形（「（あなたは早く）お帰りなさい」）をしながら，実際には命令の意味で使っていないわけですから，一種の慣用句ですが，"你回来啦!"のほうは完全な叙述文の形をしていて，しかも文字通りの意味で使われているのですから，両者の性格はだいぶ違います。

　日本の食事は「いただきます」で始まりますが，中国語にはやはりこれに相当する常套句がありません。一般の家庭では親が子供に"吃饭了!"Chī fàn le！(さあ食べた，食べた)と促すのをきっかけに始まるくらいのものです。そして食べ終わった時も別段これという常套句があるわけではありません。宴席などでは主人側に"再吃一点儿吧。"Zài chī yìdiǎnr ba.（もう少しどうぞ。）と勧められた時に，"吃饱了。"Chībǎo le.(満腹です。)と答えるのが一応常套的になっていますが，一般の家庭で各人が"吃饱了。"と唱えて箸を置くというようなことはありません。私たちの「ごちそうさま」にあたる日常的な常套句はないということです。

　食事の次の節目は就寝，つまり「おやすみなさい」ですが，ここでも中国語には適当な文句が見あたりません。"晚安!"Wǎn-'ān！(今宵安らかに)という挨拶もありますが，相当あらたまった感じで，私たちの「おやすみなさい」ほど日常的なものではありません。言うとすれば"我睡觉去了!"Wǒ shuìjiào qù le！(寝てきます)，"休息吧。"Xiūxi ba.（やすみましょう）くらいのものですが，これも文字通り自分の行動を相手に伝えて挨拶に代えているだけのことで,「おやすみなさい」ほど慣用的なものではありません。

9 「先日はどうも」——お礼のいい方

Q 人を訪ねたり,何かお世話になった時,その人に数日後会えば日本人なら「先日はどうも失礼しました」とか,「先日はお世話をかけまして」などと挨拶しますが,中国語ではどう言うのでしょうか。それとも,何も言わなくても良いのでしょうか。

A なかなか微妙な問題です。日本に来ている留学生の方にうかがったところ,日本人はちょっとしたことでも,「先日はどうも」をまるで会った時の挨拶がわりに言う。中国人も,これに類することを言わないわけではないが,頻度から言えば日本人の二分の一ぐらいだろうと言っていました。

同じ人間ですから,例えば夕食に招かれて心暖まるもてなしを受ければ,数日後その友人に会った時,

　　谢谢那天你们的招待。Xièxie nèi tiān nǐmen de zhāodài.

　　　　　　　　（先日はすっかりごちそうになりました。）

と言うのが人情というものです。あるいは,大変手のかかることを頼んでしてもらった時（手に入りにくい本を捜してもらう,子供の服を縫ってもらう等）,その場で礼を言いますが,やはり数日後に会ったときも,

　　上次那本书真麻烦你了。Shàngcì nèi běn shū zhēn máfan nǐ le.（この間は例の本で面倒をかけました。）

　　上次那件衣服,孩子挺喜欢穿,真谢谢你呀！Shàngcì nèi jiàn yīfu, háizi tǐng xǐhuan chuān, zhēn xièxie nǐ ya!（このあいだは服をどうも,子供がとても喜んで着ていますよ。）

と言うことがあるでしょう。いずれも，普通のつき合いの程度を越えて相手に負担をかけた場合です。しかも，日本のように相手の顔を見るや否や反射的に口にするのではなく，話をしているうちに，ふと思いついたら言う程度です。これは英語でも同様で，単に友人の家を訪れてお茶をのんだぐらいのことでは，いちいち「先日は失礼しました」などと言うことはまずありません。

　私たちは，一緒にワリカンでお酒を飲んだ時でも，何かの会合で顔を合わせた時でも，或いは相手が自分の家に訪ねて来た時でも，後日，「先日はどうも」をつい口に出します。何か一言いわないと気がすまないのでしょうか。「どうも」にしろ「失礼しました」にしろ，あいまいなぼかした物言いで，何がどうなのかはっきりしていません。英語でも中国語でも，その点，どういう世話になったのか，何が有難かったのかを明言するのが普通です。

　どちらが良いかということではなく，言葉を学ぶということは，その社会の習慣や文化のあり方，感情なども合わせて学ぶ必要があるということです。

10 敬語はありますか？

Q 中国語には敬語がないという話を聞いたことがありますが，本当でしょうか。

A 「わかっている。張明さんは電話を掛けたいのだ。」と「わかっております。張明さんはお電話をお掛けになりたいのです。」という二つの日本語の文を中国語に置き換えてみ

ると，いずれも"我明白。张明先生是想打电话。"Wǒ míngbai. Zhāng Míng xiānsheng shì xiǎng dǎ diànhuà. ということになって原文がもつ敬語の差はまず出てこないでしょう。中国語に敬語はない，という話の出どころはおそらくこのあたりでしょう。確かに中国語には日本語の「〜（て）おります」，「お〜」，「お〜（に）なります」のように，他の語句と一緒に使われて繰り返し現われる「文法的なカタチ」としての敬語表現，つまり文法的な敬語というものがきわめて少なく，その意味で敬語に乏しい言語だといえます。

　しかし，だからといって中国語にまったく敬語がないというわけではありません。先の"张明先生"の"先生"がそうであるように，人間を対象にした敬称や語彙的な敬語は中国語にも少なくありません。例えば，二人称代名詞には普通"你"nǐを使いますが，親や目上の相手に対しては"您"nínを使います。老人を"老人"lǎorénとは言わずに"老人家"lǎorenjiaと表現したり，身内以外の老人を"老大爷"lǎodàye（おじいさん），"老大娘"lǎodàniáng（おばあさん）などと呼びかけるのも立派な敬語です。また，相手の娘さんのことを指して"您女儿"nín nǚ'érと言うよりも"千金"qiānjīnと言ったほうが相手に対する敬意はいっそう高くなりますし，手紙などでは"令爱"lìng'ài（ご令嬢），"令郎"lìngláng（ご令息）などの語彙が用いられることも珍しくありません。

　人称名詞そのものではありませんが，数詞や指示詞といっしょに用いる量詞にも人間にだけは特別に"位"wèiという敬語量詞が用意されており，"一位客人"yī wèi kèrén（お客様お一人）や"这位医生"zhè wèi yīshēng（このお医者さま）のように用いられます。

　また表現論の問題として，日本語で「わざわざ先生を尋ねて来

たのです」などと言うと，ちょっと恩きせがましい感じがして，目上の人などにはとても言えたものではありませんが，中国語ではむしろ"我特地找你来了。"Wǒ tèdì zhǎo nǐ lái le. のように"特地"を添えることが，相手をそれだけ重く見ているという気持ちの表明になり，敬意を込めた表現として受けとられます。逆に，相手の気持ちの負担を重くしないようにという日本語的な配慮から"我顺便找你来了。"Wǒ shùnbiàn zhǎo nǐ lái le.（ついでに寄ってみました。）と言うと，相手を（ついで程度に）軽く見ているとも受けとられかねないので注意したいものです。

言語そのものの構造の違いに加えて社会体制の違いも関わって，日本語の敬語とはいろいろな点で性格を異にしてはいますが，その一方でまたいくつかの共通点もあります。例えば，こちらの話が聞こえない距離にいる人物については"那是谁？"Nà shì shéi？（あれ，誰？）と言えても，当の本人を目の前にして隣りの友人に"这是谁？"Zhè shì shéi？（これ，誰？）と聞くことはとても失礼で，やはり"这是哪一位？"Zhè shì nǎ yí wèi？（こちらはどなたでしょうか？）あるいは"这位是谁？"Zhè wèi shì shéi？と言わなければならない（普通は"谁"まで言わずに"这位……？"とだけ言う），といったあたりの敬語感覚は，日本語にたいへん近いものといえそうです。

11 婉曲表現あれこれ

Q 中国語は，そのものズバリのはっきりしたものの言い方をするときいています。婉曲表現のような，ぼかし

た言い方はないのでしょうか。

━━━━━━━━━━━━━━━━━━━━━━━━━━━━

A　おっしゃる通り，中国語は直截的なもの言いを好む言語です。しかし，それだから婉曲表現がないということではありません。どの国の言語にも，あからさまに言うのがためらわれる単語があるものです。

　例えば，その代表的なものは「死ぬ」を表すことばでしょう。よく新聞紙上などで見る"去世"qùshì，"逝世"shìshì，"故去"gùqù などは，"死了"sǐle のかわりに用いられる代表的な婉曲表現です。より口語的には，

　　他过去了。Tā guòqù le.（彼はいってしまった。）
　　他不在了。Tā bú zài le.（彼はいなくなった。）

などが使われますし，少し文学的に表現したいときは，

　　他永远离开了我们。Tā yǒngyuǎn líkāile wǒmen.
　　他离开了人间。Tā líkāile rénjiān.

などと言います（"人间"とは社会のこと，「にんげん」ではありません）。正義のために生命を落とした人には，"英勇就义了。"Yīngyǒng jiùyì le. とか"牺牲了"xīshēngle などがよく使われます。こういう人々のなきがらは"尸体"shītǐ とは言わず"遗体"yítǐ と呼びます。悪人が死ねば"结束了他的一生"jiéshùle tā de yìshēng と言いますから，評価の意味合いも含まれていることがわかります。台湾の蒋介石が亡くなったとき，中国の新聞には"蒋介石死了。"Jiǎng Jièshí sǐ le. と大きく報ぜられました。"逝世"や"去世"でなく"死了"であったことが鮮明な印象として残っています。

　「死」と関連して，生前に用意しておく棺桶や死装束を"寿材"shòucái，"寿衣"shòuyī と言いますが，これも婉曲語です（☞Q‐15）。

おめでたいほうの「結婚」も、あまりあからさまに言うのを避けて、"你的个人问题该解决了。" Nǐ de gèrén wèntí gāi jiějué le.（君の個人的問題もなんとかしなくちゃね。）と言います。"个人问题"が結婚なら"组织问题"zǔzhī wèntí（組織問題）とは共産党への入党のこと。結婚してからのオメデタは"有喜"yǒuxǐと言います。

ちょっと変わったところでは、"醋"cù（す）という言葉がはばかられます。これは"吃醋"chīcù, "醋意"cùyì という男女間の嫉妬の情を表す語を連想するためで、婉曲に何と言うのかと思ったら"忌讳"jìhuì と言うのだそうです。"忌讳"とは「忌みさけること；タブー」の意ですから、ちっとも婉曲じゃないような気がしますね。"忌讳"は年配の人があらたまった場、例えば招宴の席などで"吃忌讳吗？" Chī jìhuì ma？（お酢を使いますか）と言いますが、若い人はまず言いません。若い人なら"来点儿醋吗？" Lái diǎnr cù ma？とか"要醋吗？" Yào cù ma？と言うそうですが、さすがに"你吃醋吗？" Nǐ chīcù ma？とは口にしません。

"上厕所"shàng cèsuǒ（トイレに行く）は日本でもいろいろな言い方をしますが、中国語では"解手"jiěshǒu, "净手"jìngshǒu というのが婉曲な言い方で、古い表現では"更衣"gēngyī といいますし、"上一号"shàng yīhào（☞Q-12）という俗語もあります。男性がよく使うのは"我去方便方便。" Wǒ qù fāngbian fāngbian. という言い方。必ず"方便方便"と繰りかえすか、または"方便一下"fāngbian yíxià と"一下"をつけ加えるところがミソです。

かつて国際身体障害者年の時、日本から訪中した人が、中国語の"残废者"cánfèizhě という文字を見て驚いたそうです。その後、身体障害者のことを"残疾人"cánjírén とか"伤疾人"shāngjírén

と呼ぶようになり，現在は"残障人" cánzhàngrén という言い方もされることがあります。これは"残疾人"も差別用語だという感覚が生まれてきたためでしょう。《现代汉语词典　2002 年増補本》には"残障"が収められています。

「太っている」と言われて喜ぶ女性は少ないようですが，「ふっくらしている」なら許せましょう。中国語でなら"丰满" fēngmǎn とか"富态" fùtai がよいでしょう。僕は痩せてますが，人から「スマートですね」と言われると悪い気はしませんが，「ガリガリね」と言われると，こっちも「ええ，貧乏ヒマン（肥満）なしでさあ?!」とふてくされます。せめて言葉ぐらいはやさしくしたいですね。

12 女性言葉がありますか？

Q 女性語って言うんでしょうか，日本語には「あら，変だわ」とか「安いわよ」というような女性特有の言い回しがあって，男性が使うと変なことになりますが，中国語でもそういうことはありますか。

A 日本語でもそうですが，中国語の文でもやはり間投詞や語気助詞など話し手の主観的・心理的態度が示される部分が「女らしさ」の映し出される典型的な場合の一つになっているようです。例えば間投詞ですが，驚いた時に使ういくつかの間投詞の中で"嗬" hē（"嗬，真了不得了！" Hē, zhēn liǎobude le！〔まあ，大変だこと！〕）というのは特に女性が用いる傾向の強

いものだそうです。また驚きと同時にいぶかる気持ちを表す"yō (哟)"("哟！这么冷的天，你怎么来啦！"Yō! Zhème lěng de tiān, nǐ zěnme lái la！〔おや，この寒いのにどうして来たの！〕)という間投詞も，女性（特におばあさん）に限ってしばしば"Yāo（哟）！"と発します。

語気助詞の一つに"吧"baというのがありますが，これを"我吧，昨天吧，给他打了个电话，她吧…"Wǒ ba, zuótiān ba, gěi tā dǎle ge diànhuà, tā ba…というように文中に頻繁にはさむようなことも若い女性に目立つ傾向です。"吧"は本来推量とか誘いかけなど，断言を避けた間接的な言い回しをするための助詞ですが，それを多用することで表現全体をやわらかく婉曲なものにしようという意図が働いているのでしょう。

間接的な表現と言えば，自分のことを直接"我"と言わずに，第三人称の代名詞"人家"rénjia（ひと）を使って"你别再说了，人家不愿意听么！"Nǐ bié zài shuō le, rénjia bú yuànyì tīng ma！（もう言わないで。ひと〔＝私〕が聞きたくないっていってるのに！）というぐあいに，まるでひと事のような言い方をするのも女性に特徴的な傾向のようです。

概してズバリとものを言う国民性ですが，それでもやはり女性はそれなりに間接的な表現を好む面があるようで，生理現象に関する表現の中にもその種のものがいくつか見あたります。たとえば，トイレのことを"厕所"cèsuǒとは言わずに"一号"yīhàoという隠語を用いて"上一号"shàng yīhào（一号室にいく）などと言う女性がいるのもその一つです。また生理が来たことを"倒霉了"dǎoméi le（運が悪い；ついてない）などと言うのもやはり女性だけの表現です。夫が妻に，あるいは男の医者が患者の女性に"倒霉了没有？"Dǎoméi le méiyou？などと言えば，

それこそ噴き出しもので，男ならズバリ"来月经了没有？"Lái yuèjīng le méiyou？と聞かなければ"不像话"bú xiàng huà（さまにならない）です。

以上，気づいたことを二，三挙げてみましたが，全体的には男性・女性で言葉遣いにおおきな違いはありません。

13 ウイスキーは中国語で……?

Q 漢字しかない中国語では，外国から来たもの，例えばウイスキーとか，テレビとか，日本語ではカタカナで書いているものをどう書き表しているのですか。

A ウイスキーは"威士忌"wēishìjì と言い，テレビは"电视" diànshì と書いています。この二つとも英語の *whisky*, *television* を訳した外来語です。しかし，二つを比べて見るとずいぶん訳し方が違っています。

　　威士忌 wēishìjì ——音が *whisky* に似る

　　电视 diànshì　——電気で視る

"威士忌"は *whisky* の音を写したもの，つまり音訳ですが，"电视"は意味を汲んで訳したもの，つまり意訳です。

中国の外来語は，音訳と意訳というふたつの方法があり，その間にいろいろな訳し方のパターンがあります。それを順を追って紹介しましょう。

A） 純粋な音訳

　　歇斯底里 xiēsīdǐlǐ（*hysteria*，ヒステリー）

咖啡 kāfēi（*coffee*，コーヒー）

巧克力 qiǎokèlì（*chocolate*，チョコレート）

沙发 shāfā（*sofa*，ソファ）

白兰地 báilándì（*brandy*，ブランデー）

B）音義融合 音訳だが，音を表す文字が意味も兼ね表しているもの。例えば"俱乐部"jùlèbù（クラブ）は音訳でありながら，同時に「俱に楽しむ部」という意味も表している。

维他命 wéitāmìng（*vitamin*，ビタミン）

可口可乐 Kěkǒukělè（*Coca-Cola*，コカコーラ）

幽默 yōumò（*humour*，ユーモア）

引得 yǐndé（*index*，インデックス）

引擎 yǐnqíng（*engine*，エンジン）

C）音訳＋類名付加 まず音訳し，次にそれがどういう類に属するものであるかを示す。例えば，*beer*（ビール）を"啤"pí と音訳し，さらにこれが「酒」という類であることを示すために"啤酒"píjiǔ とする。

卡车 kǎchē（*car*＋車，トラック）

卡片 kǎpiàn（*card*＋片，カード）

芭蕾舞 bālěiwǔ（*ballet*＋舞，バレエ）

高尔夫球 gāo'ěrfūqiú（*golf*＋球，ゴルフ）

霓虹灯 níhóngdēng（*neon*＋灯，ネオン）

D）意訳 原語音にとらわれず，全体の意味内容を汲んで新しい単語を創り出す。

飞机 fēijī（*airplane*，飛行機）

蜜月 mìyuè（*honeymoon*，ハネムーン）

排球 páiqiú（*volleyball*，バレーボール）

激光 jīguāng（*laser*，レーザー）

中国語の外来語受け入れには一つの傾向があります。それは，初めは音訳で受け入れても，音だけではどうも気に入らないのでしょうか，やがて意訳に変えてゆくという趨勢です。例えば，"习明纳尔" xímíngnà'ěr はゼミナールを音訳した外来語ですが，今では"课堂讨论" kètáng tǎolùn という意訳語にとって代わられていますし，"维他命"（ビタミン）も"维生素" wéishēngsù と言うのが普通です。そのほかにも，

　　德律风 délǜfēng (*telephone*) ⟶ 电话 diànhuà

　　盘尼西林 pánníxīlín (*penicilin*) ⟶ 青霉素 qīngméisù

　　德谟克拉西 démókèlāxī (*democracy*) ⟶ 民主 mínzhǔ

など，音訳⟶意訳へと変化した例です。漢字は日本のカタカナと違い1字1字に意味がありますから，やはりそれを生かした意訳が歓迎されるのでしょう。田舎のおばあちゃんに，「アニメーション」とか「エスペラント」と言っても首をかしげるばかりでしょうが，中国のように"动画片" dònghuàpiàn とか"世界语" shìjièyǔ のように意訳すれば，おぼろげながらも「絵が動く映画かな？」「世界共通のことばかな？」と連想が働こうというもので，こういう漢字の透明性は利用したいものです。

　ちょっとした食べ物や飲み物に，なお音訳外来語が生きているのは（例：“可可” kěkě〔ココア〕/“三明治” sānmíngzhì〔サンドイッチ〕），やはり変わったハイカラなものというニュアンスを保ちたいためでしょうか（日本語から中国語へ入った外来語については☞Q-37）。

　また，近年は"AA制" AAzhì（ワリカン），"卡拉OK" kǎlāOK（カラオケ），"ATM机" ATMjī（現金自動預け払い機）などのようにアルファベット文字をそのまま使った外来語もよく見かけるようになってきました。

14 「立ち入り禁止」は中国語でどう言うか

Q 中国の掲示について紹介してください。

A 中国はスローガンの国と言っても過言ではないので、掲示物であふれています。

現在目につく政治的スローガンは"三个代表" sān ge dàibiǎo（先進的生産力・先進的文化・広範な人民の利益を重視する）と"与时俱进" yǔshí jùjìn（時代の潮流とともに前進する）でしょう。しかし、横町に入ると、「何月何日某々を××の罪により処刑した」という"布告" bùgào が貼ってあり、「処分済み」を表す赤い「✓」が氏名の上に大きく書いてあったりします。

以下思いつくままに立て看板の類を紹介します。「立ち入り禁止」は"禁止入内" jìnzhǐ rùnèi・"不准入内" bù zhǔn rùnèi、「関係者以外は立ち入り禁止」は"闲人免进" xiánrén miǎnjìn・"非公莫入" fēi gōng mò rù となります。劇場では、"无票不得入内" wú piào bù dé rùnèi（切符のない方は御入場御遠慮下さい）、"场内禁止吸烟" chǎngnèi jìnzhǐ xīyān（場内禁煙）、"太平门" tàipíngmén・"安全门" ānquánmén（非常口）といった掲示が目につきます。「静粛に」は"静" jìng と簡単です。

北京の公園の表示

バスでは"依次排队"yīcì páiduì（順序よくならびましょう），"礼让三先"lǐ ràng sān xiān（幼児・老人・身体障害者をまず先に）といったのがあります。"文明乘车"wénmíng chéng chē というのは要するに「ならんで乗車しましょう」ということらしいです。

また果物屋で"挑三块，不挑两块"tiāo sān kuài, bù tiāo liǎng kuài（よりどり3元，よりなし2元）というのを見つけた時は懐かしい気がしました。そのほか，"公共场所不准乱抛果皮纸屑"gōnggòng chǎngsuǒ bù zhǔn luàn pāo guǒpí zhǐxiè（公共の場所では果物の皮，紙屑をむやみに捨てないこと），"禁止照相"jìnzhǐ zhàoxiàng（撮影禁止）や踏切に"一慢二看三通过"yī màn èr kàn sān tōngguò（まず止まりそれからよく見て渡りましょう）などとあったのを覚えています。飛行機のトイレでは"有人"yǒu rén（使用中），"无人"wú rén（あき）と出ます。また日本では見かけないものに"外国人不得许可禁止入内"wàiguórén bù dé xǔkě jìnzhǐ rùnèi（許可なき外国人は立ち入り禁止）というのがあります。これは軍関係か内部出版の本を扱っている所と見てさしつかえありません。

「スリに注意」"小心扒手"xiǎoxīn páshǒu は何度か目にしたことがありますが，「痴漢は犯罪です」「気をつけよう，あまい言葉と暗い道」といった痴漢対策のものは，中国では目にしたことがありません。

15　結婚式に"寿"の字は不吉?!

Q 結婚式があって，中国からの留学生とたまたま同席しました。彼は引出物などに大きく書いてある「寿」の字を見て，何度も「これ縁起わるくありませんか」と言うのです。「寿」は長生きという意味，どうして彼があんなことを言ったのか気になります。中国では「寿」の字には不吉な意味でもあるのですか。

A ご想像の通りです。"寿"の字が冠婚葬祭に使われるのは，日本では結婚式ですが，中国では葬式の場合です。"寿"はもともとは「長寿」の意味ですから，葬式のシンボルマークとして使われるのは一種の婉曲用法でしょう。"寿"のつく語で，葬儀と関係あることばとしては，

　　寿材 shòucái（〔生前に準備する〕棺桶）
　　寿穴 shòuxué（生前に用意しておく墓）
　　寿衣 shòuyī（死者に着せる白い衣裳）

などがあります。いずれも婉曲表現です。中国からの留学生が，"寿"の字を見ていぶかったのは，こういう背景があったためです。

しかし一方，"寿"はまた誕生日など，おめでたい場合にも使われます。

　　寿面 shòumiàn（誕生祝いに食べるウドン）
　　寿桃 shòutáo（誕生祝いに用いるモモをかたどった菓子）
　　寿蛋糕 shòudàngāo（バースデー・ケーキ）

"寿"は慶弔に関して二面性があるわけで，混同しないように注意が必要です。

さて，日本の結婚式では"寿"が使われますが，中国の結婚式のシンボルマークは何かご存知ですか。それは"囍"の字で，"喜"が二つあることから"双喜"shuāngxǐ と呼ばれます。見覚えがあると思ったら，ラーメンのどんぶりのふちどりじゃないでしょうか。

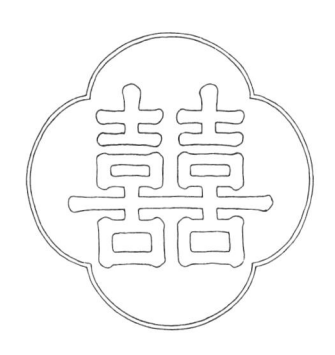

16 日中比較"鬼"論

Q 中国の"鬼"guǐ は，日本の「鬼」と違うそうですが……

A 「火の玉」のことを"鬼火"guǐhuǒ ということからもわかるように日本語の幽霊に近いものです。"盂兰会"yúlánhuì（お盆）には帰って来るという点では「仏さん」や「霊」に近いとも言えます。"鬼"は死んだ人間がなるものです。一方，日本の「鬼」は，一説によれば鬼門というのが丑寅の方角にあたるので，牛の角に虎の皮のパンツといういでたちになったようです。

日本では幽霊にしろ鬼にしろ，子供でもその絵を描けるほどイメージが比較的はっきりしていますが，中国ではとにかくこわいものという以外具体的な姿・形はありません。"鬼脸儿"guǐliǎnr は「あかんべえ」ということですが，これもこわい顔をするとい

うところから来ています。"父亲的鬼来了。"Fùqīn de guǐ lái le.（お父さんの「鬼」が来た。）でもただひたすらにこわいというだけのようです。中国を侵略していた日本兵は"日本鬼子"Rìběn guǐzi と言って怖れられました。"牛鬼蛇神"niú guǐ shé shén は「妖怪変化」と訳されますが「文化大革命」中には批判された人々のことをこう言っていました。"鬼"には「よこしまな；腹黒い」という意味もあるのです。"这里边一定有鬼。"Zhè lǐbian yídìng yǒu guǐ. は「これにはきっと悪だくみがあるぞ」ということで，"他说话心里有鬼。"Tā shuō huà xīnli yǒu guǐ. は「やましいところがあってものの言い方が普通でない」ことを言います。"鬼祟"guǐsuì になると，恐ろしさは消え「陰でコソコソやっている」という意味になります。軽蔑すべき人間にもつけます。"酒鬼"jiǔguǐ（飲んべえ）・"色鬼"sèguǐ（色情狂）・"讨厌鬼"tǎoyànguǐ（いやな奴）の"鬼"がそうです。

　"鬼"は以上のように好ましくないものに用いるのですが，"小鬼"xiǎoguǐ は元気な男の子のことを愛情を持って言う言葉です。私にはわかるような気がします。

17　中国語の色彩語

Q 中国語でも"黄色"huángsè，"绿色"lǜsè，"咖啡色"kāfēisè のような色彩語がありますが，日本語とまったく同じ色をさすのでしょうか。

具体的な色については，そう大差ありません。"黒" hēi
A は「黒」，"白" bái は「白」です。ただ日本語の「赤」
は"红" hóng，「青」は"蓝" lán が用いられます。こまかく見れ
ば"绿色"は日本語の「緑」より「黄緑」に近く，"黄"は日本
語よりずっと幅が広く茶色に近い色まで含みます。私は中国の大
学の日本語の先生30名に日本から持って行った色紙17枚を見せ，
その色彩名を中国語と日本語で答えてもらうというアンケートを
したことがありますが，その結果はどの色紙についても中国語で
は3種類以上の回答がありました。私たち日本人からすれば典型
的な「赤」や「黄色」でもそうでした。「茶色」の色紙に対して
は"紫色" zǐsè を含めて9通りの色彩名が出てきました。中国で
は個人間，方言間によるバラツキが大きいと言えます（考えよう
によっては「街道」と聞けば松並木のある道路がたちどころに脳
裏に浮かぶ私たち日本人のほうが異常なほど均質化されていると
言えるかも知れません）。

　そこで活躍するのが"橘黄色" júhuángsè（みかんの黄
色），"土黄色" tǔhuángsè（土の黄色）のように具体的な物で
色彩語を限定する方法です。"水蓝色" shuǐlánsè，"天蓝色"
tiānlánsè，"乌黑" wūhēi，"雪白" xuěbái などいくらでもあります
ね。ただここで問題になるのは"橘、土、水、天"などによっ
て喚起されるものにもズレがあるということです。"米黄色"
mǐhuángsè の"米"は"小米" xiǎomǐ（アワ）ですから，"米黄色"
は「クリーム色」になります。私の担当している大学院のクラス
には日本人学生のほか，中国・韓国からの留学生がいます。彼等
に「リンゴは何色ですか」とたずねると，日本・韓国の学生は，
たちどころに「赤」と答えましたが，中国人は「赤」と「緑」
に分かれました。中国語には"苹果绿" píngguǒlǜ（リンゴの緑）

という色彩語があります。次に「お月さん」はとたずねると，日本・韓国の学生はしばし考えて「黄色」と答えましたが，中国人留学生は馬鹿気ていると笑い出しました。「白」だというのです。事実中国語には"月亮白"yuèliangbái（お月さんの白）という表現があります。

　もう一つ問題になるのが，色彩語によって喚起されるイメージの差です。中国語の"红"は「思想的に立派である」ということとともにおめでたい色で，結婚式はさながら赤一色という感すらします。それに対して"白"は葬式の色になります。"白孝"báixiào は「喪服」ですし，"白事"báishì は「葬式」のことです。また"红"は"绿"と対比的に用いられることに注意しなければなりません。「紅一点」は"万绿丛中红一点"wànlǜcóngzhōng hóng yìdiǎn（万緑の中にぽつんと咲いている赤い花）が出典です。"红红绿绿"hónghónglǜlǜ は補色関係にある「赤」と「緑」を並べることにより全ての色彩をカバーしカラフルであるということになります。新婚ホヤホヤの男性の弁当が"红红绿绿"であるとしたら，色とりどりの愛妻弁当だということであって，決してピーマンと紅生姜をちらしてある弁当ということではありません。

18 中国人の身振り

Q 西洋人と日本人とでは身振りやジェスチャーに違いがありますが，中国人はどんな身振りをするのですか。変わった身振りがあったら教えて下さい。

身振りにもそれぞれのお国柄があります。中国人は欧米人ほどオーバーな身振りをするようには思えませんが，それでも中国語を学んでゆく上で，ぜひ知っておくべき身振りがいくつかあります。

　まずその筆頭に挙げられるのは"竖大拇指" shù dàmuzhǐ という，こぶしを握って親指だけを立てるしぐさで（図-①），これは「すごい；大したものだ；ナンバー・ワンだ；腕がよい」など，広く相手を称賛する場合に用いられます。

　　他听石柱如此这般地一说，连连点头，面露喜色，竖起大拇指说："好，好，好主意！呱呱叫！" Tā tīng Shízhù rúcǐ zhèbānde yì shuō, liánlián diǎn tóu, miàn lù xǐsè, shùqi dàmuzhǐ shuō："Hǎo, hǎo, hǎo zhǔyi！Guāguājiào！"（彼は石柱がこのように説明するのを聞くや，ウンウンというように何度もうなずき，喜びの表情をあらわにして，親指を立てて言った。「すごい，すごい，すごくいい考えだ！最高だよ！」

《新来的小石柱》159頁）

　「親指を立てる」この動作は"伸大拇哥" shēn dàmugē と言ったり，"翘大拇指" qiào dàmuzhǐ などとも言われます。さて，上の文中には"点头" diǎn tóu（うなずく）という動作も出てきました。これは日本語と同様，「賛成する；同意する；満足する」といった意味を表します。また，顔見知りの間柄ですと，ちょっと"点头"して「やあ」という挨拶がわりにすることも日中共通です。

　　田保良进门朝田小武点点头，算是打招呼了。Tián Bǎoliáng jìn

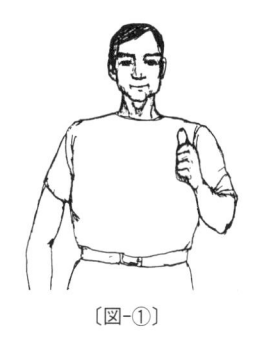

〔図-①〕

mén cháo Tián Xiǎowǔ diǎndian tóu, suànshì dǎ zhāohu le. (田保良は中へ入って, 田小武の方に向かってちょっとうなずく格好をしたが, それが挨拶がわりだった。)

ついでですが, "点头"の反対は「首を横に振る」こと, つまり "摇头" yáo tóu です。「賛成できない；認められない；ダメだ」といった意味を表します。また「知らない」とか「ある行動・行為をしない」場合にも使えますから, 一般的に「拒否」を表すと言えましょう。

"小同志, 你买不买？"服务员问道。

"不买！"男孩子红着脸, 摇摇头。

"Xiǎotóngzhì, nǐ mǎi bu mǎi ?" Fúwùyuán wèndào.

"Bù mǎi !" Nánháizi hóngzhe liǎn, yáoyao tóu.

(「ぼうや, 買うかね？」服務員がたずねた。)

(「いりません！」男の子は顔を赤らめて, 首を振った。)

さて話が前後しますが, 「親指を立てる」のが称賛を表すなら, 「小指を立てる」"竖小指" shù xiǎozhǐ はその反対で, 「ちっぽけだ；ダメだ；劣る；腕がわるい」など何かを軽くみたり, 見下したりする場合に使われます。日本語なら「小指を立て」れば「彼

〔図-②〕　　　　　〔図-③〕

女」を表し，親指を立てれば「親父；だんな」を表したりしますが，そういう意味はありません。

「片手を挙げる」は"举(单)手" jǔ(dān)shǒu と言いますが，これは日本でも中国でも知人に会った時「ヤア」という挨拶に使うほか，賛成・反対の意志表示に使われます。学校で先生から「答えのわかる人は？」と言われて「ハーイ！」と元気よく片手を挙げた記憶は誰にでもあるでしょうが，中国の小中学生の挙手の仕方はちょっと日本と違います。頭の上に高々と挙げません（図-②）。高々と挙げるのは"少年先锋队" shàonián xiānfēngduì（ピオニール）の隊礼です。空港などで外国からの貴賓に花束を渡したあと，サッと右手を頭の上に挙げるピオニールの少年・少女の姿をテレビなどで見ることができます（図-③）。

もう一つ，日本では見られないボディランゲージに「人差し指で，自分の頬をうしろから前へ，サッサッと軽くこする」動作があります。これは相手が何かみっともないこと，恥ずべきことをした場合に「ヤーイ，ヤーイ」とからかうしぐさで，"刮脸皮" guā liǎnpí と言います（図-④）。子供同士でやることが多いようです。「ヤーイ，ヤーイ」に相当する中国語は"没羞，没羞！" Méi xiū, méi xiū! です。

最後に指による数の示し方を図示しておきましょう（図-⑤）。日本の場合と違うものに特に気をつけて下さい。1～5まではいいとして，6と7は要注意。6も7も親指が5を表し，その他の指が1を表すと考えれば記憶しやすいでしょう。8は"八"がひっくり返った象形です。9は数字の"9"の

〔図-④〕

象形。日本でこれをやれば「泥棒；スリ」のことですね。10は図示したもののほかに，グッとこぶしをつき出すもの，或は指を全部ひらいた5の形を，表裏と手のひらをひっくり返えして示すもの，両手の人指し指を重ねて"十"の字をつくるものなどいくつかあるようです。指による数の示し方は覚えておくと大変便利です。中国人は，「じゃ，今夜6時に会おう」と約束する時，

　　　那今天晩上六点見！ Nà jīntiān wǎnshang liù diǎn jiàn！

こう言いながら，手のほうも6の身振りをしています。今度よく注意してご覧になって下さい。

　以上のような身体言語 *body language* は，まだまだたくさんあります。中国映画などを鑑賞するとき，登場人物の身振り手振りにもこれから観察眼を向けてみれば，きっとオヤと思うような発見にぶつかるでしょう。

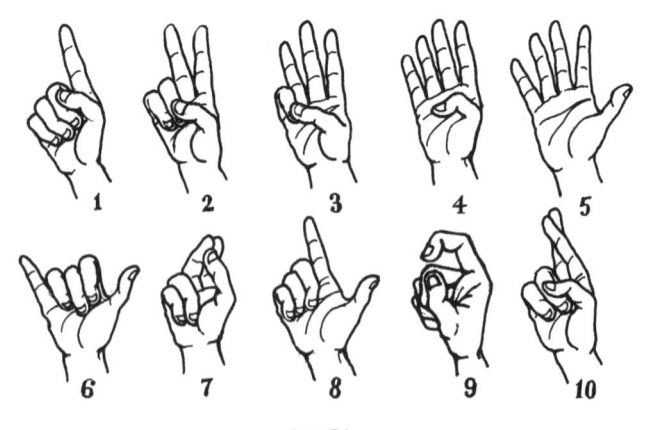

〔図-⑤〕

19 中国の聾啞教育

Q 私は幼児の頃に聴力を完全に失った者です。その後の訓練で，相手にわかってもらえる程度の日本語の発声をマスターしました。テレビで中国の紹介を見るにつけ，中国語会話を身につけたいという思いが日増しに強くなります。しかし，中国語には声調というものがあって聾啞者にはとても無理だと言われました。本当にダメなのでしょうか。それから，中国語の手話についても紹介して下さい。

A 私の学生にも似たような境遇の人がいて，彼の夢はひとりで中国をブラリと旅行することだそうです。とても積極的な学生で，授業後先生をつかまえては発音を矯正してもらっています。しかし日本のその方面の教育でも，ひとつひとつの音の調音の仕方についてはかなり進んでいるようですが，音の高低についてはほとんど無視されており，彼も声調には大変苦労しています。私は「ハイ」と言いながら首をタテにふり第四声を実感してもらうなどいろいろなことをしましたが，やはりそれほどの効果をあげることができずにいます。しかしある日，かなり長い文章を読んでもらったら結構声調がついているのです。涙が出るほど感動しました。あなたも頑張ってください。中国語を教えている人たちの中には労をおしまず教えてくれる人がたくさんいるはずです。以下はかつて，北京在住の友人を通じて，北京第二聾啞学校長葉立言先生にお伺いした中国における聾啞教育の一端です。

　　——声調については，生徒は自分の出す声を聴覚でとらえることができないのだから，正確さを追求しない。しかし，声

調の存在は意識させなければならないので、同音異声調字の意味的比較を通して記憶させる。生徒は抽象的なものとしてとらえていると思われる。会話中に声調を表示するのは、以前は首を振って示す方法があったが、現在では右手の人差し指で－／∨＼を描く方法のみが用いられている。声調の正確さを追求しなくてもよいのは言語環境がそれを許すからで、外国人が外国語として中国語を学ぶのとは大いに異なるでしょう。現在のところ中国の聾学校では外国語は教育科目に入っていない。

　手話については地方によって単語レベルの表現法に違いがあるが、かなり普及している。拼音表示は、(1)韻母　(2)声母(3)声調を指で表すようになっており、これまでは右で(2)－(1)－(3)の順で表していたが、私（葉立言先生）の開発したのは左手で(1)、右手で(2)を同時に、つまり両手を使って表す方法です。声調はその後につけたします。──

いずれにせよ葉立言先生も認めておられるように中国では盲人教育とともにまだまだの感があり、残念ながらこれといった声調の習得法は確立されていないようです。また、心身に障害のある方に対する配慮も"哑巴"yăba →"聋哑人"lóngyărén,"瞎子"xiāzi →"盲人"mángrén などの言い換えは行なわれているようですが、そのような表現を含む諺などは無神経に使われており、身体に障害のある方に対する思いやりは、日本よりさらに劣るという現状は否めません。中国旅行をなさっても不愉快な目にお会いになることがあるかもしれません。しかし、それにも負けずに中国語を習得され新しい世界を切り拓いていかれることを願ってやみません。

3 発音のポイント

20 中国語にもまたアルファベットが出てくる!?

Q 中学・高校で英語には苦労させられました。大学ではアルファベットとは縁のなさそうな中国語を選択しようと思っているのですが，中国語の勉強にもアルファベットが出てくると聞きました。本当でしょうか。

A 本当です。中国語はもちろん正式には漢字だけで表記されています。アルファベットローマ字は中国語の漢字の読みや発音を示すのに使われているのです。

「なんだ，またアルファベットが出てくるのか」とがっかりされるかも知れませんが，中国語を単に目で見てわかろうとするのでなく，「ことば」としてマスターしようとすれば，中国語の発音を具体的に，わかり易く示している，このアルファベットを正確に読むことから学んでゆかねばなりません。

例えば誰でも知っている「こんにちは」に当たる"ニイハオ"という言葉。これは漢字では"你好"と書きますが，"你"という字はちょっと日本語の中ではお目にかかったことがないでしょう。これを"ニイ"と読めますか？ また"好"は「コウ」と音

読できますが,"ハオ"とは読めません。私たちが"你好"という文字をみて,"ニイハオ"と口をついてでるのは,この挨拶言葉をまず耳から覚えたからなのです。耳から中国語として,その発音を聞いたからこそ"ニイハオ"と読めるのです。

　また,皆さんはすでにテレビなどで何回か,中国残留邦人の方々が肉親に訴えている言葉を聞いたことがあるでしょう。あの中国語を聞いて理解できましたか。恐らくチンプンカンプンだったでしょう。彼らの一人がこう言っていました。
　　ウォー　シー　リーペンレン
これを漢字で書けば,
　　我　是　日本人。
となります。漢字を見れば「ワレ　コレ　ニホンジン」で「私は日本人です」という意味も何となく見当がつくでしょう。しかし,言葉は音です。音は目に見えません。"ウォー　シー　リーペンレン"という音声は目に見えず,しかも瞬時にして消えてしまいます。この消えてしまう音をとらえる方策,つまり発音を表す記号が必要です。

　今,"我是日本人。"という中国語を,カタカナで「ウォー　シー　リーペンレン」と書きましたが,中国語に限らず外国語の発音をカタカナで正しく表すことはできません。これは英語などでもすでに経験ずみでしょう。

　日本語にも漢字がありますが,私たちは幸いなことに,漢字の読み方を示す平仮名やカタカナを持っています。これで読み方のわからない漢字にルビをつけることができるのです。ところが中国には,これまで漢字だけで,日本語の平仮名やカタカナに当たるものはありませんでした。英語のように個々の文字が音を表す(少なくとも音と有縁性を強くもつ)表記と違って,漢字の場合

は，その読み方を直接示してくれません。

　これでは中国人が漢字を覚えるのにも不便ですし，なにより も外国人が中国語を学ぶ際に大きな困難にぶつかります。そこ で中国では 1958 年に，漢字の読み方を示すアルファベットロー マ字と声調を示す声調符号を制定しました。これを"拼音字母" pīnyīn zìmǔ 略して「ピンイン」といいますが，これで先ほどの "ウォー　シー　リーペンレン"を表記すれば次のようになります。

　　Wǒ shì Rìběnrén.
　　（我　是　日本人。）

　ピンインは国際的にも公認され英文のなかでも広く使われてい ます。ピンインに用いられているのは見慣れたアルファベット文 字です。例えば"我"はwǒと書かれていますが，これなら"ウォー" という音に遠からずと言えましょう。ただし，ピンインはあくま で中国語の発音を表すための約束ごととして定めた体系です。と ころどころ英語と異なった読み方がありますから，私たちは先ず このアルファベット綴りの読み方の約束を学ぶ必要があります。

　現在，日本や中国で出されている辞書には，ほとんどこのピン インローマ字によって単語の読み方・発音が記されています。ま た初級の教科書も漢字とともにこのローマ字を出しています。

　中国語を生きた「ことば」として学ぶには，まず発音です。そ れには発音の姿を，より具体的にわかりやすく表してくれるロー マ字綴り（ピンイン）をマスターすることから入るのが近道なの です。

　「またアルファベットか!」と嘆いている君も，やがて漢字だけ の文章に出くわすと，「エエッ，ピンインがついてないんですか， こんなの読めませんよ」と逆に嘆くことになります。それほどピ ンインというのは力強い味方なのです。

21 第三声の出し方

Q 僕の習っている教科書には、右のような声調の図が出ていますが、第三声をこの通りにと思って発音したところ、後半はそんなに高くは上げないと先生に注意されました。第三声を⌣と凹型にするのは変なのでしょうか。

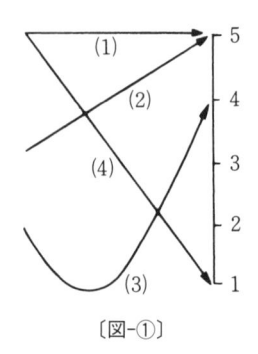

〔図-①〕

A 第三声は四つの声調中もっともむずかしいものです。第三声を人が発声するのを聞いていると、確かに最後が高くなっており凹型をしていますが、発音する側の発音意志といいますか、心構えから言えば、むしろ、ただ低くおさえる、喉の奥を緊張させて低く低くおさえるという気持で発声します。それを一定時間続けて、喉の緊張を解いてやると、おさえられていた息が一気に出るとともに、音の高さも自然に上がり、結果として凹型になります。

従って、発音努力──低くおさえる、低平型──と、その結果もたらされる音調の型──凹型──とが（他の声調の場合と異なり）、一致しないために、うまく発音できない方が多いのです。

第三声の後半を、意識的に上げようとすると奇妙なものとなります。発音する側か

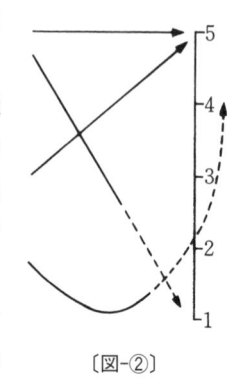

〔図-②〕

ら言えば，図-②のような図のほうが参考になるでしょう。点線の部分は，それまで緊張していた喉の力をフッと抜いてやるのです。欄外へとび出している部分がありますが，これは勢いあまっての「しっぽ」だとお考え下さい。この「しっぽ」のない形を，「半三声」などと言っていますが，むしろ「半三声」こそが第三声の本来の形だと言えます。

　第四声についても，これは出だしの部分を高く強く出しますが，すぐに力を抜きます。そうすると後半が弱く低くなります。

　中国語の声調の発音は，高低の線の形が肝腎なのではなく，高い低いを出すための，力の入れどころ，抜きどころをつかむのがコツです。

22 声調符号はどこにつける？

Q 声調符号（ーノ∨＼）はどこにつければよいのですか，とくに母音が2つ以上ある時に迷います。

A 声調符号をつけるには母音の優先順位があり，それは，a＞e・o＞ü・i・uとなっています。この順序を覚えやすくした「声調符号のつけ方歌」がありますから紹介しておきましょう。

　1) aがあったらのがさずに，
　2) aがなければ，eかoをさがし，
　3) i, uが並べば後ろにつけて，
　4) 母音一つは迷わずに。

これで間違いなく声調符号をつけることができます。念のため，例を挙げておきましょう。

1)は bāo, guǎi, tiān など。ともかく，a があればその上に，です。

2)は gǒu, gěi, lüè など。a の次に強いのが o と e なのです。しかも o と e は同じ音節のなかに一緒に出てくることがありません。

3)は duì, diū など i と u が一緒に並んだ時で，これはともかく後ろにつけます。ü が気になるかも知れませんが，ü というのは［i＋u］のミックスした音ですから，ü が i や u と一緒に現れることはないのです。ü は lüè や quān などのように a や e と一緒に現れますから，声調符号をつける点では問題ないでしょう。

最後の 4)は母音が一つの場合で, lóng, zhī, yǒng, nǚ など迷うことはありません。

i の上に声調符号をつける時は，ī, í, ǐ, ì のように，上の点を取ってつけることもお忘れなく。

23 あいまい怪音 e

Q ローマ字で"e"と書かれる音がありますが，どう発音すればよいのでしょうか。いろいろな綴りの中に出てきますが，聞くたびに音色が違うようで，少々混乱ぎみです。

Aピンインのeはさまざまな音を表します。
まず, eが単独であらわれるのは,

Wǒ è le.［我俄了。］（私はお腹が空いた。）

というような場合で, この時は音声記号で［ɤ］と表されるような, 口の奥のほうで発音される音です。この音は, 中国語の単母音(a, o, e, i, u, ü)を学んだ時, すでに練習しているでしょう。oと比較しながら教わったはずです（図-①）。

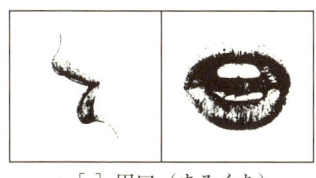

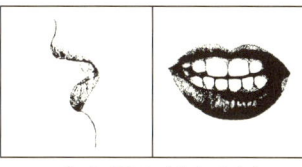

o［o］円口（まるくち）　　e［ɤ］平口（ひらくち）
［図-①］

oもeも口の中での発音部位は大体同じですが, oが円口, それに対しeのほうはやや唇を左右に引きかげんにします。

この奥寄りの, こもった音色のe［ɤ］を初めに習うために, そのあと続々と出てくるieだとかüeだとかにおけるeの音色にとまどうのだと思われます。

そこでまず, eというのは［図-②］で灰色で示したような, 口の中のかな

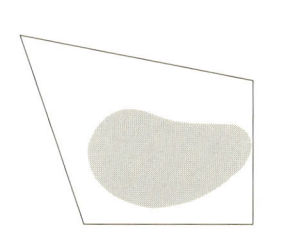

〔図-②〕

りの部分をおおっている, ぼんやりしたあいまいな音だとお考え下さい。eはあいまいな「中舌母音」（発音する時, 舌が自然な位置にあり, 上にもち上げられたり, 下にさがったりしない音）であるというのがその本質なのです。

このようにeは本来ぼんやりした, 性格のハッキリしない音で

すから，どんな音と結合するか，つまり誰とペアーを組むかによって，自身の音色が影響をうけ変わってしまうのです。特に，前寄りの音とか極端に後寄りの音といった，性格の激しい音とペアーを組むともろに影響を受けます。

例えば，前寄りの母音 i と結合すると，ie。この時，e は母音 i に引っぱられて前寄りになり ie → [iɛ] となります。母音 i が e の後に来ても同様で，ei は [ei] となります。いずれも e が口の前方へと引っぱられた結果，[ɛ] や [e] といった日本語の「エ」に近い音になってしまいました。ü も唇をすぼめて口の前方で出す音ですから，これと e が結合した üe は [yɛ] と，やはり e は [ɛ] に発音するのです。

一方，単独の場合は [ɤ]，r 化の場合は er [ər] と本来のぼんやり音である [ɤ] や [ə] の音色でよいわけです。とくに r 化の場合は，舌をひょいとそり上げるのですが，ちょうど口の中央あたりで舌をそり上げますから，e 本来の音域と符号します。

子音と結合した，de, te, ne, le, ge, ke, he……なども本来の e のぼんやり音でよいのですが，中国語基本音節表を見てみると，同じ子音でも，b, p, m, f といった唇を使う子音や，j, q, x といった舌面音とは e は単独では結合しません（但し me は軽声としてのみある）。これらの子音は唇音（これはもちろん口の最前方で調音される音）であったり，口蓋化子音（舌面が極端にもち上がり口腔の天井に接したり接近し

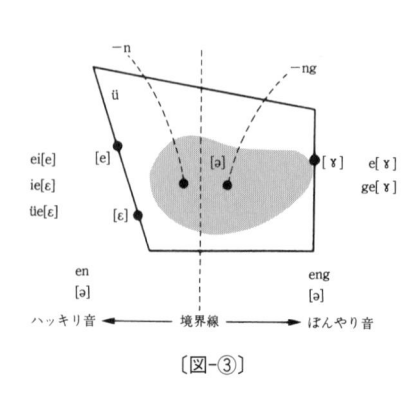

〔図-③〕

ている音）であったりして，e の平口の中舌的性格と衝突するためと考えられます。また，中国語には -n や -ng という尾音がありますが，これらと e が結合した時はどうでしょうか。

　　en［ən］　eng［əŋ］

音声記号ではどちらも［ə］と表記される，あいまいな音なのですが，［図-③］をご覧下さい。-n というのは舌先を上の歯茎につける前寄りの音，-ng のほうは逆に舌の根っこの部分をもち上げて出す後寄りの音です。ですから，en［ən］の時は，同じく［ə］でもいくぶん前に引っぱられた［ə］なのです。これが私たち日本人の耳には「エ」に近く聞こえます。eng［əŋ］のほうは，-ng に引かれて，今度は後寄りの［ə］で，このため eng は「ウ ン グ」のようにぼんやりした音に聞こえるのです。

en［ən］がエンに聞こえるのは，やはり日本語による干渉で，例えば "恩情" ēnqíng を「エンチン」と全く日本語の「エ」のように発音しては大変聞きぐるしいものになります。ちなみに，中国語の音声現象に鋭い観察力を持っている友人の中国人に尋ねたところ，彼は en も eng も，母音のところは同じに聞こえると言っておりました。

大分長くなりましたが，要するに「あいまい・ぼんやり音の e」は，i や ü といった前寄りの音と結合すると［e］や［ɛ］といった比較的ハッキリした音色をもつということ。en の場合は［ə］ですが，やや前寄り，従って私たちの耳には，どちらかと言えば「ハッキリ音」のように聞こえる，しかし［e］や［ɛ］（これらは日本語のエのつもりで発音してもよい）ほど明瞭ではない，ということです。

24 yúncai ("云彩") が yínzài に聞こえる

Q テレビで放映された中国映画をビデオに撮りヒアリングの練習をしているのですが、"云彩" yúncai（雲）がどうしても "yínzài" に聞こえてしまうのです。なぜなのでしょうか。

A まず yún が yín と聞こえるということですが、日本語の干渉や学習時の錯覚が原因として考えられます。「機械を通して聞くから」だけではすまないと思います。大昔の話になりますが、実は私も映画の『少林寺』を見たとき、"李连杰" Lǐ Liánjié（なぜか日本ではリ・リンチェイと紹介されている）扮する主人公の法名"觉远" Juéyuǎn を Jiéyuǎn と聞いてしまった覚えがあります。私たちは yi(i)≒い≠yu(ü) といった図式で、yu(ü) を殊更に唇を丸めた音として頭に入れてしまうことが多いのです。しかし上の図からも見てとれるように、yu(ü) は唇を丸めると言うより、口角を引き締めた上で、唇を薄く開けて発音する音なのです。上唇を軽く下唇にかぶせるようにするとうまく発音できます。そして舌の位置も「い」と大して変わりませんので、かなり日本語の「い」に近くなります。逆に yi(i) は上下の歯を咬み合わせた上で、その歯が外から見えるほど口角を左右に引き寄せる音で、舌も口腔上部にぐっと接近し、私たちにとってはきちんと発音するのにかなりのエネルギーを必要とします。

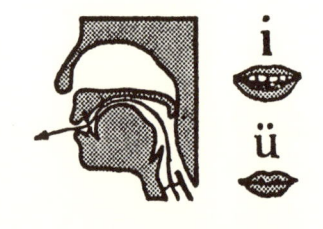

次にcaiがzaiと聞こえるということですが，これはyúnという上昇調の後の軽声ですので下降調ふうに聞こえ，軽声のため有気という特徴もほとんど失われてしまっているからだと思います。大学の授業で学生諸君と映画の聞き取りをやっていますが，二回生ぐらいですと軽声の箇所は聞き取りが極めて困難です。軽声になりますと，liがleに聞こえたり，shiがriに聞こえたりするわけですから，普段の学習で一字一字律義に漢字を読んでいる学生諸君がお手上げなのも仕方のないところです。

25 有気音の出し方のポイントは？

Q 有気音がどうもうまく出ません。有気音がうまくなるコツがあればお教え下さい。

A 少しきついことを言うかも知れませんが，有気音がうまく出ないということは，たぶん無気音もだめ，つまり中国語の発音はすべてさっぱりだめということになります。不思議に思われるかも知れませんが，事実そうなのです。"大"dàと"踏"tàを例にとって説明します。

"dà"と"tà"を音声学の記号を使って表すと，一応,次のようになります。

　　dà ⟶ da↘

　　tà ⟶ tʰa↘

"↘"（4声を表す）と"a"は両者に共通です。"t"と"a"の間の小さな"h"は，有気音の有気たる所以である気音を表します。そこ

で，"tà" は "t" と "a" の間に弱い気音が介在するため，大袈裟に言えば，"t" の後ちょっと間をおいて "a" が聞こえてくる感じです。"t" は日本語 "た" taや "と" toの "t" とまったく同じ音を表します。

では "大" の子音 "d" はどんな音を表すのか。これはちょっと油断し声門閉鎖——日本語のいわゆる「つまる音」(＝促音) が代表する声帯を閉ざした状態——を怠ると，すぐ濁音になってしまう「無声化」(＝非濁音化) された "d" です。声門閉鎖の後で濁音がおこらないことは，日本語に「はっぱ」はあっても「はっば」がなく，「かった」はあっても「かっだ」がないことからもおわかりでしょう。われわれの耳に "爸" bà, "大" dà, "改" gǎi, "再" zài, "鸡" jī ……などの子音が，どこか濁音みたいに聞こえるのは，これらが濁音を無理やり清音にした「無声化」子音だからです。

さて，ここで話を逆方向から進めますと，中国語の「無声化」子音が軽声になる場合を除いて濁音にならないのは，音節の出だしに声門閉鎖があるからだということになります。この声門閉鎖は軽声にならない限りすべての音節の出だしにおこります。"ʔ" で声門閉鎖を表しますと，"dà" と "tà" は，

dà ⟶ ʔda↘

tà ⟶ ʔtʰa↘

(1)准备　　(2)蓄气　　(3)发音 {不送气 d / 送　气 t

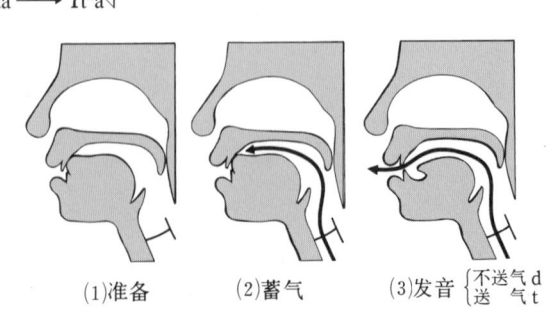

と書きなおすことができます。

　さて有気音がうまくなるコツをお話しするために，なぜ声門閉鎖などを持ち出してきたかといいますと，これが有気に必要な「息を蓄める」ことにつながるからです。中国で出された教科書についている発音要領の箇所を読みますと，有気音であろうと無気音であろうと，まず"蓄气" xù qì（息を蓄める）から始まります。息を蓄めるには吸った息を逃がさないようにしなければなりません。それが声門を閉鎖する，平たくいえば息を停めるということなのです。日本語の例で説明しますと，日本語のローマ字は「かった」を「katta」とつづりますが，「katta」の「kat（かっ）」だけを言って，「ta（た）」を言わない状態が，"大" dà，"踏" tà を発音する準備段階（="蓄气"）です。そこから，息を出さず（"不送气" bú sòng qì），そのまま咬み殺して発音すれば"大" dà になり，蓄めた息を子音"t"と同時に軽く出してやれば"踏" tà になります。なお一言付け加えれば，"f, h, s, sh"等の摩擦音も有気音であることを忘れないでください。

26 中国語に濁音はない!?

Q 中国語に濁音がないと教わりましたが，教室で先生の発音を聞いていると，"我的" wǒde の "的" de などは，どうしても濁音に聞こえて仕方がありません。私の聞き方が悪いのでしょうか。

A あなたの聞き方はおかしくありません。極めて正常です。ある言語にこれこれという音がないというのは、大まかに言いますと、単語の意味を区別する手段として、それらの音を組織的に大量に活用してはいないということであり、いついかなる場合にもそれらの音が発せられないということではありません。例えば日本語は、「か」(蚊)と「が」(蛾)、「きん」(金)と「ぎん」(銀)、「たく」(炊く)と「だく」(抱く)のように、清音と濁音で多くの単語の意味を区別します。こういう状況を指して「日本語に清音と濁音がある」というのです。その一方、「か, た, き」など日本語の清音は無気で発音されることも有気で発音されることもありますが、その現象を採り上げて日本語には有気音があるとかないとかとは言いません。

英語に例をとりますと、*pie, table, key* などの p, t, k のような語頭の破裂音は通常有気音で発音されますが、*spy, stable, ski* のように s のあとでは無気音で発音されます。それでも中国語においてと同じ意味で、英語に有気音と無気音があるとは言いません。なぜなら、日本語においてはもちろん、英語においても、たとえ有気音と無気音をとり違えたとしても、問題が単語の意味にまで及ばず、いささか不自然な発音という範囲でおさまってしまうからです。

中国語における清音・濁音の問題は上の英語の例によく似てい

A	B
道徳 dào<u>d</u>é（道徳）	我的 wǒ<u>d</u>e（私の）
海拔 hǎi<u>b</u>á（海抜）	喇叭 lǎ<u>b</u>a（ラッパ）
黄狗 huáng<u>g</u>ǒu（赤犬）	能够 néng<u>g</u>ou（できる）
闻者 wén<u>zh</u>ě（聞く者）	看着 kàn<u>zh</u>e（見ている）

ます。つまり，組織的に単語の意味を区別する手段としての濁音は中国語には存在しません。しかし，それは中国語において，いついかなるときも濁音が聞かれないということではなく，ある条件下では，濁音はしょっちゅう聞かれます。その典型的な例がご質問の"的"のような，軽声の音節に現れる濁音です。

Ａグループの下線を引いた音節は軽声ではありませんので，その子音も濁音にはなりませんが，Ｂグループの下線を引いた音節は軽声に読まれ，子音は濁音に読まれます。軽声の音節は前に来る音節に従属し，軽声ではない音節がもつ出だしの声門閉鎖――日本語のいわゆる「つまる音」（＝促音）が代表する声帯を閉ざした状態――がありませんので，声帯の振動を伴う濁音に容易に変化するわけです。この現象を逆の方法から眺めますと，中国語の無気の清音は，出だしの声門閉鎖がなくなりさえすれば容易に濁音に変化する性質を具えている，つまり，それほど「硬質」な清音ではないということができます。ただここで注意すべきは，Ｂグループ下線部の子音が濁音に読まれるとは言っても，これらの濁音を対立する清音が存在するため意識して明確に発せられる日本語や英語の濁音と同一視してはならず，そのように発音してもならないということです。Ｂグループ下線部の子音の濁音化はあくまで自然な連音現象の結果であるに過ぎず，発音も軽微です。

> 補：音声学的にはｍ・ｎ・ｌ・ｒなどの子音も濁音に分類されるが，以上の議論では常識的に破裂音，破擦音の濁点を打たれる音のみを濁音と呼んでいる。

27 -n と -ng の区別をおしえて下さい

Q 中国語を学びはじめて,まだ一か月も経っていませんが,学校での音の聞き取りで -n と -ng が聞き分けられませんでした。-n と -ng の区別は中国語では大切だそうですが,何か聞き分けのヒントになるようなことがありましたら教えて下さい。発音し分けることは出来るつもりです。

A -n と -ng は,初期の段階でも意識的に発音し分けることは,そう困難なことではありません。しかし,聞き取りのテストなどをしてみると,やはりこのペアーが一番成績が悪いようです。人間の耳というのは案外頼りないもので,これを完全に聞き分けることはなかなか難しいのです。たいていは,音声以外の,文脈の意味から,つまり,耳ではなくて,頭で理解してい

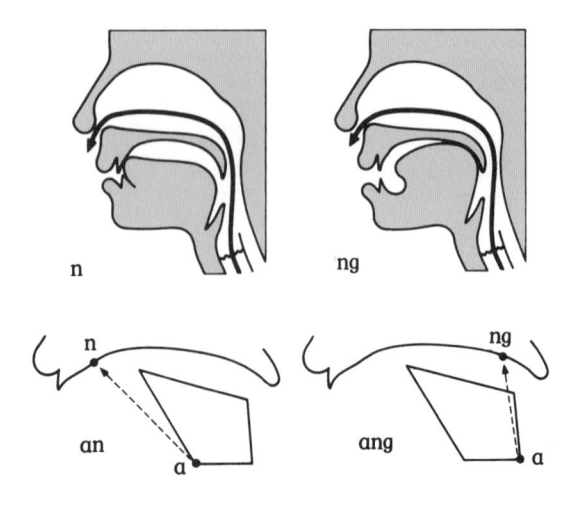

ることが多いのです。例えば,「カサ持ちましたか」の,"你带伞了吗？" Nǐ dài sǎn le ma？ で "伞" sǎn を sǎng と -ng で言っても,まさか "嗓" sǎng（ノド）ととる人はいません。もちろん,だからと言って,-n と -ng の聞き分けなんかどうでもいいということではありません。

一つの手として,こんなことにも注意してみたらどうでしょうか。an と ang を例にとりますと,an のほうの母音の a は［a］と発音記号で書かれるように前よりの明るい音ですが,ang のほうは［ɑ］で,これは口腔の奥で出される,より暗いひびきの音です。［a］は日本語「鮭」［ʃake］などに見られる音,［ɑ］は英語 *half* や日本語「輪を」［wɑo］に出てくる音です。

この二つの［a］と［ɑ］は,注意して聞くと,ずいぶん違う音であることがわかりますから,-n と -ng を区別する時も,「n か ng か」と末尾にのみ神経を使うのでなく,母音も含めた an と ang 全体を聞き分けるようにしてみて下さい。すると,

　　ba　　　などの時のアは［A］

　　ban　　などの時のアは［a］

　　bang　などの時のアは［ɑ］

と,同じアでも少しずつ違うことが聞きとれます。

en と eng などの例では,en のほうはエンに近く,eng のほうの母音はよりこもった音色に聞こえますから,かなりはっきり母音だけでも聞き分けられます（☞Q‐23）。

28 zhi, chi, shi, ri は舌をまく？

Q 捲舌音 zh, ch, sh, r は文字通り本当に舌を巻くのですか。カメレオンじゃあるまいし、いちいち舌を巻きあげることができるとは思いませんが。

A 捲舌音（舌を巻く音）という名前がいけないのですね。zh, ch, sh, r は中国ではむしろ"翹舌音"qiàoshéyīn（舌先をピンと立てた音）と呼ばれることのほうが多いかも知れません。感覚的にではありますが、zh, ch, sh, r の発音の特徴をよくとらえていると思います。しかしそれはそれとして、捲舌音にしろ"翹舌音"にしろ、とにかく舌の前半分を酷使することを暗示した名前であることに変わりはありません。

図は私が感覚的に画いた捲舌音を発するときの舌の絵です（参考までに、口の正面図もつけてあります）。感覚的であるということをくれぐれもお忘れにならないように。舌を巻いているというよりも、舌の先端が突っぱって立っている、あるいは歯の裏の出っぱりの部分に突っかい棒をしているという感じです。舌先がピンと立っているということは、そのうしろは折れくぼんでいるということで、捲舌音に独特のこもった響きがあるのは、このくぼみと口蓋との間に、ちょっとした「空間」が作られるからです。舌の尖端を突っかい棒にし

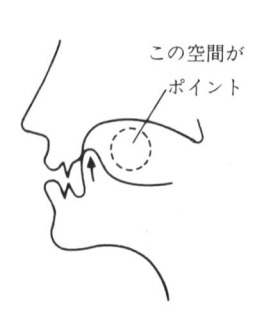

この空間がポイント

て，舌面と口の天井（口蓋）との間に空間をつくる，これが捲舌音を出すコツです。

このように口の内をセットして，舌先の裏を上歯歯茎のわずかうしろに接触させ，摩擦して出すのが zh, ch で，舌先の裏を歯茎に接触させるくらい近づけて強く息を出すのが sh です。r は同じ要領で舌を宙に浮かせたまま声帯を振動させます。このとき舌先を不必要に動かざす固定しておくことが大切です。

29 "不" bù と "一" yī の声調変化

Q "不" bù と "一" yī は，あとにどういう声調がくるかによって声調が変わるそうですが，声調変化を簡単に整理していただけないでしょうか。

A "一"の声調変化は少々やっかいですが，"不"は簡単です。まず"不"から見ていきましょう。

1) 四声の前では二声に読む。

　　不去 bú qù（行かない）

2) 可能補語や反復疑問の場合は軽声に読む。

　　看不见 kànbujiàn（見えない）

　　听不懂 tīngbudǒng（聞きとれない）

　　是不是 shìbushi（…かどうか）

　　好不好 hǎobuhao（よいかどうか）

3) 他はすべて四声に読む。

次に"一"ですが，少々やっかいです。

1) 四声の前では二声で読む。

   一色 yísè

2) 一声，二声，三声の前では四声に読む。

   一般 yìbān　　一行 yìxíng　　一口 yìkǒu

3) 重ね型動詞の間にきたときは軽声に読む。

   看一看 kànyikàn（見てみる）

   说一说 shuōyishuō（言ってみる）

4) 他はすべて一声に読む。

"一"の声調変化に関しては以上が基本ですが，"一"が序数を表すときは，以上の規則に縛られず，どういう場合でも一声に読むことが許されます。そして，"第一" dìyī のように "第" をつけて明確に序数としての形式を整えた場合には，上記2)の規則を適用することがむしろ困難になり，規則1)のみが任意に適用されます。

一期 yìqī；yīqī	第一期 dìyīqī
一级 yìjí；yījí	第一条 dìyītiáo
一等 yìděng；yīděng	第一组 dìyīzǔ
一队 yíduì；yīduì	第一课 dìyīkè；dìyíkè

このほかに，度量衡や，"万" wàn・"千" qiān・"百" bǎi・"十" shí；"块" kuài・"毛" máo・"分" fēn；"点" diǎn・"刻" kè・"分" fēn・"秒" miǎo など桁送りする単位が大から小へと連続して使用されるときにも，中間に現れる "一" には上記1)2)の規則は適用されず一声に発音されることが多く，"十" の前の "一" は必ず一声に読みます。例えば "318" は "三百一十八" sānbǎi yīshí bā となります。

"一" 以外に数字の中では "七" qī と "八" bā が四声の前でしばしば二声に発音されますが，これは "一" に対するほど強い要

求ではなく，放送局のアナウンサーは声調を変えず，一声で読んでいます。

30 "哪里"nǎli型と"姐姐"jiějie型

Q 第三声と第三声が連続すると前の三声は二声に変えて発音すると教わりましたが，"哪里"nǎliや"姐姐"jiějieのように，うしろの三声の字が軽声化している単語の場合は前の三声の字をどのように発音すればよいのでしょう。

A その種の単語は前の三声字を二声に変化させて発音するタイプと，変化させずに三声のままで発音するタイプの二種類に分かれます。"哪里"nǎliは前者のタイプに属し，実際の発音は"náli"となり，"姐姐"jiějieは後者のタイプに属しますから，前の"姐"の字は三声のままで"jiějie"と発音されます。ここでは前者のタイプを"哪里(ナーリ)"型，後者のタイプを"姐姐(チエチエ)"型と呼んでおきましょう。

まず"姐姐"型のほうからいいますと，"姐姐"をはじめ"奶奶"nǎinai（父親の祖母），"姥姥"lǎolao（母方の祖母），"嫂嫂"sǎosao（兄嫁）など親族名称を表す「重ね字型」（なぜか女性ばかり！）の単語で，「第三声＋軽声」のかたちのものはふつう"姐姐"型で発音されます。また"椅子"yǐzi（イス），"斧子"fǔzi（おの），"板子"bǎnzi（板），"饺子"jiǎozi（ギョーザ）など，名詞接尾辞の"-子"ziがくっついてできている単語も，"子"は本来三声字

(zǐ) ですが，前の三声字は三声のまま発音されます。そのほか，"姐姐"型のものとしては"耳朵" ěrduo（みみ），"屄屄" bàba（うんち）などがあります。これら"姐姐"型に属する単語のほとんどは，一般に，前の第三声の字だけでは一人前の単語として用いることができないのが特徴です。"姐" jiě にせよ"椅" yǐ にせよ"耳" ěr にせよ，みな，"姐姐"，"椅子"，"耳朵"となって初めて単語の資格をもつわけです。例えば"椅子"は"椅"に軽声の"-子"がつくことで，別に何か新しい意味が添えられるわけではありませんが，この"子"がないと〈イス〉という一人前の単語として文中に用いることができないのです。"姐姐"型の単語において，その軽声の部分は，特に何か新しい意味を加えるための単位というよりは，単語としての一人前の資格を与えるための要素という性格が強いものと言えます。

一方，"哪里"型に属するものとしては"想想" xiǎngxiang（ちょっと考えてみる），"想法" xiǎngfa（考え方），"小姐" xiǎojie（お嬢さん）などがありますが，これは

　　想法 xiǎngfǎ ⟶ xiángfǎ ⟶ xiángfa

のようにして出来たと考えられます。最初の三声字が二声に変わるということは，二番目の"法"がなお三声としての潜在力を持っていることを意味します。つまり，"想法"の"法"，"哪里"の"里"，"小姐"の"姐"は完全な軽声ではなく，音声的にも第三声としての痕跡を残しています。その証拠に，"小姐！"と呼びかける時や，"你好好想想啊！" Nǐ hǎohao xiǎngxiang a！（君，よーく考えてみてくれ！）と言う場合，かなりはっきりと三声が聞き取れます。"哪里"でも li には三声独特の低さが観察されます。ただし，"哪里，哪里。"（どういたしまして。）という常套句では li は完全な軽声といってよいでしょう。

さらに"哪里"型として挙げられる"老虎"(トラ),"打扫"(掃除する),"小鬼"(おちびちゃん)などに至っては,それぞれの第二字目の音は,

 lǎohǔ ～ lǎohu dǎsǎo ～ dǎsao xiǎoguǐ ～ xiǎogui

と,弱三声と準軽声のあいだを揺れているといえます。

以上が"哪里"型になるケースの音声的裏付けですが,意味・文法面から言えば,この型の単語の特徴は,"姐姐"型と違って,後の準軽声の部分があるかないかで語の意味が全く変わってしまうということです。"哪里"を例にとりますと,ただ"哪"だけでは「どれ；どの」という意味の指示詞ですが,"里"がついた"哪里"では「どこ」という意味の場所詞になります。"打扫"などについても同様で,準軽声の部分を仮に落とした"打"(たたく)と"打扫"(掃除する)とでは全く別の意味の単語になります。このように,第二字目が付く前と後とで語の意味が変わってしまう場合,言い換えれば準軽声の部分が何か新しい意味を添える単位として働いているような単語は,一般に"哪里"型で発音するということです。

31 "谁"は shéi か shuí か？

Q "谁"は shéi のほかに,shuí と書かれているのを見かけたことがあります。一体どちらが正しいのですか。また"咱们"は zámen ですか zánmen ですか？

A 音節の一覧表が一般の中国語テキストに載っていますが，手もとにありましたら出して見てください。韻母の一覧表に"uei"というのがあります。この"uei"の前に子音がつくと"tui"のようになって"e"が表記のうえでは落ちてしまいます。しかし実際の発音，とくに三声の場合，表記のうえでは"e"がなくなってもはっきりと"e"の音が聞こえます（同じようなことは"uen"にもおこります）。このように表記というものは一種の約束にすぎないのであって，実際の発音を忠実に写すものではありません。"ü"のうえの"‥"も j, q, x, y のあとではおちます。これも手間を省くための約束です。n や l には nu [u] ～ nü [y], lu [u] ～ lü [y]という対立がありますが，j, q, x, y にはその対立がないので，j, q, x, y のあとの u は ü のことだという約束をしておけばよいわけです。表記法というものは整合性を重視しなければならないので，このようなことはよくおこります。"谁"の場合も表記法の整合性という点からすれば，他に"shéi"と表記されるべき字がないのですから"shuí"とすべきです。しかし実際の発音では"谁"は"shéi"と発音されます。少なくとも"普通话"pǔtōnghuà の発音の基礎となった北京語ではそうです。厳密に"shuí"と発音しますとなにか本を読んでいるような感じがしたり，方言区の人が無理して標準語を話しているような感じがします。

"咱们"については，"咱"zá は単独では用いられず，単独の場合は必ず"zán"と発音されるので，理屈からいえば"zán + men → zánmen"となり

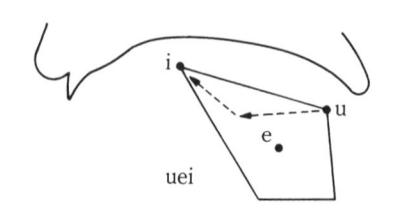

ます。しかし音声学的には［a］という低母音のあとの［n］は，うしろの子音に同化される傾向が強いということがあって，"zánmen → zámen" となることがあります。しかし北京の若い人たちは "zánmen" と言っています。"zámen" と言うと，上の "谁" shuí と同じような感じをもたれます。ただ北京の発音が標準語の基礎になったからといって北京の発音がそのまま標準語ということにはなりません（☞Q-5）。"比较" bǐjiào を "bǐjiǎo"，"教室" jiàoshì を "jiàoshǐ" と発音したり，"色" sè を "shǎi" と読むのは "北京土话" Běijīng tǔhuà とでも言うべきものです。また北京の人たちは，北京の地名についても独特の発音をします。"颐和园" Yíhéyuán は "Yìhéyuán" と発音されますし，"前门" Qiánmén にある通りの "大栅栏" Dàzhàlán は "Dàshilàr" のように言います。

　北京語ではもう残っていませんが，音節の最後が -p, -t, -k でおわるものがあり，それを入声（にっしょう）と言います（日本語で漢字を音読みした場合 -フ，-ク，-ツ，-チ，-キでおわるものがそうです）。その -p, -t, -k が脱落して，一声・二声・三声・四声に分かれて入っていった訳ですが，旧入声の "不、一、七、八" が声調変化をするのも，それぞれの帰属先で完全には安定しないためだと考えることもできます。"室、色、栅" はいずれも旧入声の字です。それ以外でも，北京では旧入声の音節が低く三声のように発音されることがよくあります。

32 ローマ字つづりと実際の音とのズレ

Q 中国語のローマ字のつづり方に関してなのですが、例えば"铅笔"qiānbǐ（えんぴつ）のqiān（チエン）のように、ianと書いてイエンと読むのは不合理ではないでしょうか。いっそienと書けば読み間違いがないと思います。

A この質問はいろいろな問題を含んでいて、どうお答えすればよいのかちょっと困っています。なるべくわかりやすくお答えしようと思うのですが、それがかえって問題をわかりにくくするかも知れません。とりあえず以下の三点に分けてお答えすることにします。

1）音声的真実を採るか体系的真実を採るか

例えば日本語のローマ字のつづり方には、ヘボン式・日本式の二通りありますが、両者で「た行」がどう処理されているか見てみますと、

〈ひらがな〉	た	ち	つ	て	と
〈ヘボン式〉	ta	chi	tsu	te	to
〈日本式〉	ta	ti	tu	te	to

ヘボン式は「ち」と「つ」の子音が「た・て・と」の子音と音声的に顕著に異なる点を重視し、それをつづり方に反映させたのですが、日本式のほうはそういう音声的真実より体系的真実のほうを多く見て、つまり「た」行において子音ch, tsは母音i, uとの結合から臨時的に生じた〈仮の姿〉に過ぎず、「た」行の子音の〈真の姿〉は常にtであるという認識に立って、〈仮の姿〉ch, tsより〈真の姿〉tをつづりに反映させるほうを採ったのです。

表音文字のつづり方の制定にあたっては,どの言語であろうと,音声的真実を採るか,体系的真実を採るかの矛盾に直面せざるをえないのです。例えば,「た・て・と」の子音 t も,それぞれ異なる母音 a, e, o と結合している以上,当然その影響を受け,まったく同じではありえないはずで,音声的真実をあくまでも追求するなら,「た・ち・つ・て・と」それぞれに異なる子音を用意しなければなりません。こうなると音声表記が限りなく複雑になり,実際の用を足せなくなります。逆に体系的真実を追究しすぎますと,「このつづりはこう書いてあるが,実際の発音は○○であって××ではない」といった但し書きばかり多くなり,これもまた同様に実用的でなくなります。表音文字のつづり方の制定は,体系的真実のほうに重きを置き,適宜,音声的真実を考慮するというのが実際的と言えます。

さて本題に戻り,発音が"イエン"である以上,つづりも ien にすればどうかというご提案ですが,中国でも現行のつづり方制定の際,同じような意見が出されたそうです。それが採用されなかった原因には三つ考えられますが,最も大きな原因は,上に述べた体系的真実の重視ということです。ian を ien にすれば,「an, ian, uan, üan」という an を中心にした体系がくずれてしまいます。イエンという発音は,[a] が [i] と [n] とにはさまれ,舌が前へ移動したために生まれた ian の"仮の姿"であると考えます。

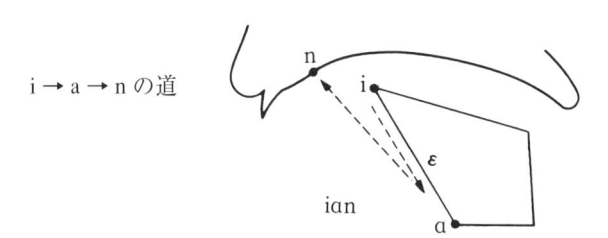

i → a → n の道

üan(yuan) を üen(yuen) としないのも同じ理由によります。

2) ian の発音は"イエン"でよいのか

上で üan を üen にしないのも，ian を ien にしないのと同じだと言いましたが，中国人の耳には ian の a も üan の a も大差なく聞こえます。音声学の記号を使えば [æ] とか [ɛ] で表される非常に [a] に近い「エ」であって，主母音が長く低く引かれる三声の発音では，ian はそのつづり通り"イヤン"に聞こえる場合が少なくありません。このような ian の発音は日本人はもうひとつ上手ではなく，私たちが qian や xian のつもりで言っていても，中国人は qin や xin と聞いていることがままあります。ian の問題には，このような音声的真実が一方にあることを忘れてはなりません。ちなみに，qin や xin の in は体系的真実を重視したつづりにすれば ien となり，三声の発音では"イエン"に近く聞こえます。

3) 漢字音の歴史的発展とのかかわり

漢字の現在の発音を正確に反映し，同時に過去の発音をも示しうる。もしそんな表記法があればこれにまさるものはありません。このような観点から ian と ien を比較してみた場合，やはり ian のほうが理想に近いと言えます。というのは，次の例のように，

干 gān 〜 奸 jiān　　　山 shān 〜 仙 xiān
甘 gān 〜 钳 qián　　　散 sàn 〜 霰 xiàn

ian という韻母をもつ形声文字が an という韻母をもつ文字をその音符（形声文字で音を表す部分）としていることからわかるように，歴史上 ian は an から枝分かれして出てきた音なのです。もし ian を ien としてしまいますと，この両者の密接な関係がつづりの上からは反映できなくなってしまいます。

4

日本語と中国語

33 「熱い水がほしい」

Q いま使っているテキストに"我要热水。"Wǒ yào rèshuǐ. という文が出てきます。「お湯がほしい」という意味だそうですが,「熱い水」というのは少し変な気がします。日本語の「湯」にあたる言葉は中国語ではこう言うしかないのですか。

A 日本語では沸かしてなければ「水（みず）」,沸かしてあれば「湯（ゆ）」,というように,「水（みず）」は「湯（ゆ）」と対立する意味で用いられます。同じくらいのぬるさでも水道やプールのそれは「水」(「炎天下のプールの『水』はぬるい」)で,風呂のそれは「湯」(「風呂の『湯』がぬるい」)といったぐあいです。ですから,沸かしてないはずの「水」が「熱い」というのは日常ちょっとありそうにないことで,やはり「熱い」とくれば「湯」となるのが自然なところでしょう。

ところが,中国語の"水"は日本語の「水（みず）」よりももっと概念が広くて,私たちが言うところの「湯（ゆ）」もそこに含み込まれています。つまり,中国語では,沸かしてあるなしの区別なく,おし

なべて"水"なのです。ですから，"给我一点儿水吧"。Gěi wǒ yì diǎnr shuǐ ba.（"水"を少し下さい。）とだけ言えば，水がもらえることもあれば，湯が出てくる可能性も十分にあります。昔，大学の宿舎のルームメイトだった李君が，風をひいて高熱でぶっ倒れている私に"多喝点儿水吧！"Duō hē diǎnr shuǐ ba！と言って何度も飲ませてくれたのは"暖瓶"nuǎnpíng（魔法ビン）から注いだ熱いお湯でした。それから，あれは確か城山三郎の小説の翻訳だったと思いますが，原作で風呂に入って「いい湯だ」と言っているところが"水真好！"Shuǐ zhēn hǎo！と訳されていました。

このように，"水"は必ずしも冷たいものだけに限られてはいませんから，「熱い shuǐ」つまり"热水"や「沸かした shuǐ」つまり"开水"kāishuǐ があってもよいわけで，結局それらが日本語の「湯」に相当することになります。水とお湯とでは大違いなのに，それをどちらも"水"だなんて，ずいぶん大雑把だと思われるかも知れませんが，必要とあらば，そのように"热水、开水"，さらには"凉水"liángshuǐ（なま水），"冰水"bīngshuǐ（冷水），"温水"wēnshuǐ（ぬるま湯），"凉开水"liángkāishuǐ（湯ざまし）などと修飾語によって限定すればよいのですから，さしたる不便はありません。お茶に熱いのも冷たいのもあるからと言って，私たちは特に呼び分けたりすることはなく，どちらも「お茶」ですが，だからと言って別段不便を感じることもないでしょう。必要に応じて「冷たいお茶」「熱いお茶」と区別すればよいわけで，"水"の場合もそれと同じことです。

"暖瓶"

ところで，そのお茶ですが，中国人の家庭

を訪問すると，"你喝点水吧！" Nǐ hē diǎn shuǐ ba！と言いながら「お茶」をすすめられることがあります。"水"という語は，さ湯（"白开水" báikāishuǐ）や湯ざまし（"凉开水"）のみならず，それらに次いで中国人の日常的な飲み物となっているお茶（"茶" chá）にまで及んで用いられます。

なお，"水"の意味内容はこれだけに止まりません。例えば，"我的白梨水儿很多。" Wǒ de báilí shuǐr hěn duō. の例では「果汁」を指し，"给你笔，你划一划，看有水么？" Gěi nǐ bǐ, nǐ huá yi huá, kàn yǒu shuǐ ma？（ペンをやろう，ちょっとひっ書いてみてごらん，"水"があるかどうか？）の例では，「インク」を指す，といったぐあいに，日本語の「水（みず）」にはない意味の広がりをもっています。

"水"のように，日本語と同じ漢字があてられていながら，意味内容のずっと大きい単語はほかにもたくさんあります。先に挙げた例の中の"笔"もその一つで，"水"の意味が「水（みず）」だけではなかったように"笔"も「筆（ふで）」すなわち"毛笔" máobǐ（毛筆）のみを指すものではありません。それは先の例のように「万年筆」（"钢笔" gāngbǐ）を指すこともあれば，「鉛筆」（"铅笔" qiānbǐ）や「ボールペン」（"圆珠笔" yuánzhūbǐ）あるいは「シャープペンシル」（"自动铅笔" zìdòngqiānbǐ）を指して用いられることもあります。日本語と同じ漢字を使っているからと言って，日本語の意味をそのままあてるといったことのないよう，丹念に辞書を引くよう心掛けたいものです。

34 アナタ　コレ　ノム　ヨロシイ

Q テレビドラマなどでカタコトの日本語を話す中国人の役が登場すると，きまって「アナタ　コレ　ノム　ヨロシイ」式の話し方をしますが，あれにはなにか理由があるのですか。

A ドラマではやや誇張しすぎた面がなくもありませんが，中国人の話すカタコトの日本語にはある種の型のようなものがあることも事実で，「アナタ　コレ　ノム　ヨロシイ」は確かに一つの典型といえます。

日本語が，「彼が私をぶつ」のような「が」や「を」をはじめ，「は，も，や，へ，に，さえ，こそ…」など数多くの助詞をもつのに対して，中国語はそれほど助詞の発達した言語ではありません。そして何よりも「が」と「を」に相当する助詞をもたない点が日本語との決定的な違いです。日本語がこの二つの助詞によって動作主と動作の対象を示すところを，中国語では語順によってそれを表します。

　　彼が私をぶつ。 —— 他打我。Tā dǎ wǒ.
　　私が彼をぶつ。 —— 我打他。Wǒ dǎ tā.
というぐあいです。中国語が英語に似ているといわれる理由の一つです（但し，中国語には，*he: him, I: me* のような格変化はありません）。

それからまた，中国語の動詞には日本語の動詞のような「活用」もありません。

　　飲む——喝　　飲まない——不喝　　飲みたい——想喝

というように，動詞それ自身はどこまでも"喝" hē のままで変化しません。そんなわけで，例えば，

「アナタハコレヲ飲ンデモヨロシイ。」

というのは，中国語では，

你　可以　喝　这个。Nǐ kěyǐ hē zhèi ge.

のように，4つの単語が辞典の見出し語そのままの形で並ぶだけということになります。そこで，今度は逆に，この中国語文を日本語に置き換える場合に，もし日本語の助詞も活用も無視した中国人が，まさに文字通りの遂語訳（?）で，日本語の単語を押しあててしまったとすると，結果は「アナタ　コレ　ノム　ヨロシイ」というようなことになってしまうわけです。しかし，これはまだ単語を日本語の語順の規則に従って並べているだけ感心なほうです。これと全く逆のことが，わたしたちの中国語作文に出てこないように注意したいものです。

35 和製漢字──「峠」はどう読む？

Q 「峠，辻，畠」などの国字と呼ばれるものは，中国に伝わっていますか。また，こうした漢字は中国語ではどう読むのですか。

A 基本的には「伝わっていない」と言うべきでしょう。「峠」という字も，「婌」（エレベーターガール）という「字」も中国人にとっては大差ありません。しいて発音すれば，「辻，畠」はその一部分をとって「shí 十, tián 田」となり，「峠」

は似た字を捜してきて，例えば「kǎ 卡」とでも読むということになるかと思います。しかし中国の代表的な辞書《现代汉语词典》を引いてみると，"畠" tián や "畑" tián はちゃんと出ており，日本漢字と注記してあります。これは，毛沢東が彼の文章の中で「畑」のついた日本人（畑俊六；《毛泽东选集》第3巻）に言及したからだと言われています。このほか，国字と言われている「働 dòng（はたらく）」「俤 dì（おもかげ）」「鯰 nián（なまず）」「鱈 xuě（たら）」なども，意外にもこの辞書に親文字として載っています。どんな解説が加えられているのでしょう。興味のある方はぜひ調べてみて下さい。

国字の例

梺	ふもと	颪	おろし	凩	こがらし
凪	なぎ	畑	はたけ	籾	もみ
榊	さかき	樫	かし	杣	そま
鰯	いわし	麿	まろ	毟	むしる
簎	あさる	躾	しつけ	襷	たすき

36　日本語になった中国語

Q　「暖簾(のれん)」や「蒲団(ふとん)」はもとは中国語で，その発音がなまって「ノレン」「フトン」と，まるで大和ことばのようになっているのだそうですが，このようなちょっと気付かない言葉で，実は中国語から来たものという日本語がほかにもありましたらご紹介ください。

A　中国語を勉強する前から，これは中国語から来たものだなと，薄々感じている日本語がありますね。例えば，ギョーザ（"饺子" jiǎozi），チャーハン（"炒饭" chǎofàn），ラーメン（☞Q-95），メンツ（"面子" miànzi）などがそうです。中国語を勉強し始めると，おやこれも中国語だったのかと，あらためて発見するものも結構あります。例えば，イス。これは"椅子"yǐzi に由来するに違いありません。コウリャン（"高粱" gāoliáng）やソロバン（"算盘" suànpán），インコ（"鸚哥" yīnggē）などもそうでしょう。さらに，ウイロウ（外郎），ワンタン（餛飩・雲呑），ジャンケンポン（☞Q-100）なども中国語起源だと言われています。

そのほか，和語（大和(やまと)ことば）としての訓読みかと思っていたウマ（"马" mǎ），キク（"菊" jú ←—もとは入声 kɪuk），エ（"绘" huì，スゴロク（"双六" shuāngliù ←— soŋ-lɪuk）なども実は音読みで，古い時代の中国語に由来するという問題があります。

ガマ（ヒキガエル）は中国語に"蛤蟆" háma という言葉がありますが，これと関係がありそうです。私は"蛤蟆"という語にぶつかった時，とっさに日本語のガマを思い出しました。こんな時，本当に中国語に由来するのかどうか，手っ取り早く確かめるには『外来語辞典』（あらかわ・そうべえ著，角川書店）が便利です。そこには，こんな風に出ています（同書270頁）。

> ガマ【中　蛤蟆，蛤蟇，蝦蟆】〔動物〕ヒキガエルの異名，「蛤蟆を呉音のまま国語に輸入してガマと読み，ひきがえるの名称と致しました」上田恭輔『趣味の支那叢談』

あらかわ氏の辞典でガマを発見して以来，折を見てこの本をのぞくようになり，思わぬ記述に出会うようになりました。

例えばカバンは「鞄」と書きますが，これは造字で，「夾板」

（キャバン）という中国語（箱という意味）から来た。「ヒョンな事」と言う時のヒョンも，「凶」の唐音 hıoŋ に由来する。ノンキ（気楽な）は「暖気」から，タンボは「田畝」tien-mu から，チチ・テテ（たとえばテテおや）は"爹爹"diēdie から，バネは「反，仮」[fan] のハヌのなまったもので，動詞ハヌ（ハネる；跳ぬ）もここに由来します。男の子の可愛いチンボは中国語で男性生殖器を意味する"鸡巴"jība から，オヨグは"游泳"yóuyǒng から。「投げる；捨てる」を方言で「ホカす」と言う地方がありますが，これは"放下"fàngxià からといったぐあいで，驚きの連続です。本当かしらと思いながらも，面白くて，ついもっとないかとさがします。

　すると，これらは序の口で，純粋な大和ことばだと思っていた「カク」や「コマる；コワす；サワグ；タオる」などの動詞も，この外来語辞典に載っているではありませんか（同辞典から項目のみを簡単に書き出します）。

　　カク　［画 kak, 劃 kak, 刻 kak］
　　コマる　［困 k'un］　　　コワす　［壞 kwai］
　　サワグ　［騒 sao, 噪 sao］　タオる　［倒 tao］
　　トオる　［通，透］　　　トム（尋む）［探 tom］
　　ハグ　［剥 hak, pak］　　トミに　［頓＋に］
　　ナジる　［難＋じる］　　ネジる　［捻＋じる］

これはほんの一部で，こんな例を数えていたらキリがないほどです。基本的なことばがずいぶんと中国語起源とされているのには驚かされます。これらの語源説がすべて学問的に正しいか否かは私の判断に余りますが，いずれも語源探求に情熱を傾けた学者たち——新井白石，与謝野寛，村松任三，上田万年——の説に基づいています。語の起源や生い立ちを調べることは大変面白く，

ロマンとスリルに満ちています。「イチョウ」は中国語のアヒルの脚"鴨脚"yājiǎoから来たことばですが，かつて旧仮名遣いで「イテフ」とも書かれたことから，一葉（イチエフ）の縮まった語であるとか，葉の形からの連想も加わって，寝（イ）ねたる蝶（テフ）の意とする説もあったそうです。しかし，今日ではyājiǎoにもとづく語で，旧仮名遣いも「イチャウ」が通説になっています。

むやみにやるとこじつけ（民間語源という）になってしまいます。「かわいい」も「可愛い」と漢字で書くこともあって中国語の"可爱"kěàiから来たと考えられそうですが，「かわいい」は「かほはゆし──かわはゆし──かわゆし──かわゆい──かあいい」をへて現在の形になった（阪倉篤義説による）のですから，本来は無関係な語です。ようするにきちんとやるためには何よりも広い知識と，古い音韻についての精緻な学問が必要だということです。

37 中国語になった日本語

Q 「学校」とか「学習」とかは漢語で，中国から取り入れたことばですが，逆に日本語から中国語になったことばはないのでしょうか。

A 中国語を学びはじめると，「中国語と日本語は共通の単語が何と多いんだろう」という感想をもたれるはずです。例えば，"革命"gémìng,"自由"zìyóu,"社会"shèhuì,"内容"nèiróng,"出席"chūxí などなど，その発音こそ違いますが，意味は日本語とほぼ同じです。もっと学習が進んで，少し硬い新聞記事，それも政治や思想・経済といった社会科学関係の論文や評論をお読みになれば，一層多くの日中同形語にぶつかります。一口に日中同形語と言ってもずいぶん意味の異なるものもありますから，気をつけなければなりませんが（日中同形語の落し穴については☞Q-39)，この方面の語彙には意味内容が共通するものが多いのも事実です。例えば，"政策"zhèngcè，"政府"zhèngfǔ，"主義"zhǔyì，"唯物论"wéiwùlùn，"经济"jīngjì 等々，これらは実は中国が日本から借用したもの，つまり中国語にとっては外来語なのです。

　政治・思想・科学・社会制度といった分野の語彙を，なぜこんなにも中国は日本から借用しなければならなかったのでしょうか。それは近代化への取り組みと関わることです。周知のように，明治維新をへた日本は，西欧諸国の進んだ科学技術や社会制度に接し，一日も早くこれを吸収しようと必死でした。さまざまな欧米の書が翻訳されましたが，当時，漢語の素養が豊かであった明治の知識人は，新しい概念である *philosophy* や *science* を，昨今のようにフィロソフィ，サイエンスとカタカナでおきかえて済ませはしませんでした。「哲学」「科学」と意訳し，日本語の語彙とする努力を払ったのです。

　一方，近代化への取り組みにおいて，日本に遅れた中国は，日本語に意訳されたこれらの語彙の多くをそのまま借用することになりました。これには，日中共に同じ漢字を使い意味内容が重なり合っているという理由もありましたし，また当時近代化を目指した中国が多くの留学生を日本に派遣し，日本をモデルとして学んだという事情もあったに違いありません。

《现代汉语外来词研究》(高名凱・劉正埮著 1958年 文字改革出版社)という本には,このような中国語になった日本語がたくさん紹介されています。全部で450語ほど挙げられていますが,その一部を紹介しましょう。

1) 純粋な日本語(すなわち欧米の概念を意訳したものではない語彙)に基づくもの。

场合 chǎnghé (場合)　　场所 chǎngsuǒ (場所)
舞台 wǔtái　　　　　　必要 bìyào
服务 fúwù (服務)　　　解决 jiějué (解決)
交通 jiāotōng　　　　　希望 xīwàng
作战 zuòzhàn (作戦)　　出席 chūxí

など91語。

2) 欧米の概念を日本語に意訳した語彙に基づくもの。

イ)　文学 wénxué　　　文明 wénmíng
　　　分析 fēnxī　　　　艺术 yìshù (芸術)
　　　具体 jùtǐ　　　　　法律 fǎlǜ
　　　自由 zìyóu　　　　阶级 jiējí (階級)
　　　革命 gémìng　　　社会 shèhuì

など67語。これらの語は,例えば「文学」は*literature*の訳ですが,「文学」という語そのものは中国古典の『論語』(先進篇)に,

　　文学,子游,子夏。

とあります。しかしここで使われている「文学」は,文献(詩経・易経・書経など)についての知識という意味ですから,今の「文学」とは概念内容が大きく異なります。「文学」に*literature*の意味を宿らせたのは日本人であり,それを中国が新しい言葉として借用したのです。

　次に示す(ロ)は,中国の古典に語そのものも見出せないもの

です。

ロ) 美学 měixué　　　　　美术 měishù（美術）
　　物质 wùzhì（物質）　　电车 diànchē（電車）
　　动员 dòngyuán（動員）　电报 diànbào（電報）
　　概念 gàiniàn　　　　　反对 fǎnduì（反対）
　　干部 gànbù（幹部）　　目的 mùdì

など300語。

こうしてみると，重要な，よく使う基本的なことばが，ずいぶん日本語から取り入れられたことがわかります。ほとんどの中国人はこれらが外来語だとは意識していません。それほど中国語の中に融け込んでいるのです。しかし，言語を研究しているほどの人は，これらを外来語として位置づけています。中国が近代になり外国から借りた語，つまり外来語はこのほかにもたくさんあり，英語，ドイツ語，ロシア語などからも取り入れています。しかし，その数から言っても重要さから言っても，日本語からの借用語の比ではありません。私たちはこの事を，明治の知識人のために誇ってよいと思います。

　附：《现代汉语外来词研究》は大幅に増訂され，現在《汉语外来词词典》
　（劉正埮・高名凱・麦永乾・史有為編，上海辞書出版社　1984年）
　として出版されている。

38　女子大生の私を「オバサン」とは！

Q　春休みを利用して中国へ旅行に行きましたが，ひとつショックを受けました。それは中国で小さな子供に

"阿姨" Āyí（おばさん!）と呼ばれたことです。私は二十歳を過ぎたばかりの女子大生，日本でもまだ「オバサン」なんて呼ばれたことがないのに！

A

ショックはよくわかりますが，中国社会ではこれはむしろ喜ぶべきことで，もし小さい子供から"姐姐" jiějie（お姉さん）と呼ばれたら，それこそ，怒らねばなりません。男性についても同様で，"叔叔" shūshu（おじさん）と呼ばれてこそ良いので，"哥哥" gēge（お兄さん）と呼ばれたらガッカリすべきです。

つまり"叔叔"，"阿姨"は，自分より目上の人に対する丁寧な呼びかけで，一般の親族呼称に見られるような「父の弟」とか「母の姉」といった親族関係の規定からはまったく自由です。ただ，世代的には自分の父または母の世代の人に対して使う言葉ですから，"叔叔"，"阿姨"と呼ばれたら，相手の父母の世代──つまり一世代上──と見なされたことになります。それじゃ，やっぱりオジン，オバンじゃないかと憤慨するのは早合点というもの。中国では，相手を一世代上として扱うことは大変な尊敬表現なのです。

例えば小学生が，60歳ぐらいの人を"叔叔"を呼んでもかまいませんが，それよりも"爷爷" yéye（おじいさん）と呼んだほうがもっと喜ばれます。"叔叔"ではツンと聞こえぬふりをしていた老人でも，"爷爷"と言われると，ニコニコと振り返ってくれようというものです。"爷爷"は"叔叔"よりも世代がもう一つ上だからです。逆に，"你是我孙子。" Nǐ shì wǒ sūnzi.（お前はワシの孫だ。）というのは大変な侮辱です。何故なら，"孙子"と言えば，今度は自分より二世代下になるわけで，相手を見下げ

たことになるのです。日本の「我孫子」という地名を見て，中国人がびっくりするのは，こういう訳です。なにしろ罵語が地名なのですから。

"叔叔"，"阿姨"は，現在，中国の小学生・中学生が，18歳ぐらいから上の成人に対して広く用いる，敬意をこめた呼び方であることがおわかりになったでしょう。

39 「奥さん」は"爱人"で，「お母さん」が"娘"!?

Q 中国語で"手纸"shǒuzhǐと言えば「トイレットペーパー」のことで，「てがみ」ではないという話を何かの本で読んだことがあります。このように，同じ漢字を書きながら日本語と中国語で意味が違うというような単語はほかにもありますか。

A 中国に旅行した日本のご婦人が博物館で胸に"工作人员" gōngzuò rényuánと書いた札をつけた中国人を見て，「あら，あの人スパイかしら」とギョッとした，なんて笑うに笑えない話がありますが，いくらお国柄が違うとは言え，公然と私はスパイですと名のるほどお人好しのスパイもいないでしょう。確かに日本語では「敵側の工作員」というように言ったりしますが，中国語の"工作人员"はそのような意味ではなく，特定の公的な任務にあたっている担当者つまり「係員」ほどの意味です。

また日本の大学に招かれて中国からやってきたばかりの中国人教師が，大学からの帰り道，銭湯の前にさしかかった折に，突然

連れの学生に「ここのスープはうまいか」と尋ねたという話もあります。中国語では"湯"と書けば（もっとも現在は簡体字を使いますから"汤"と書きますが），「スープ」のことでして，この先生，「亀の湯」の「湯」の字を見てスープ専門店とでも思い込んだのでしょう。

この種の思い違いはいくらもあって挙げ出すときりがありません。同文同種だなどと思ってかかるととんでもないことになりかねないので，くれぐれもご用心。ここでは人間を表す単語についてだけいくつか例を挙げておきましょう。

まず"老婆"lǎopo。これは「おばあさん」ではなくて「女房；かみさん」のこと。「女房」に関連していえば，「妻；奥さん」または「夫；ご主人」或いは「恋人」を指す言葉に"爱(愛)人"àiren というのがあります。日本語の「アイジン」とは意味が違うので要注意。いささか方言色が強くなりますが，"娘"niáng というのもよく小説に出てくるので気をつけてください。これは「お母さん」の意味でして，決して「むすめ」のことではありません。かつての"人民公社"rénmín gōngshè を舞台にした小説などには"社员"shèyuán や"队长"duìzhǎng もよく登場しますが，"社员"は社員は社員でも「会社員」ではなくて「人民公社員」のこと，

日中同形異義のことば

床 chuáng　ベッド	新闻 xīnwén　ニュース
汽车 qìchē　自動車	火车 huǒchē　汽車
大家 dàjiā　みんな	闻 wén　においをかぐ
丈夫 zhàngfu　夫	猪 zhū　ぶた
麻雀 máquè　すずめ	走 zǒu　歩く
亲友 qīnyǒu　親戚友人	煤 méi　石炭
野菜 yěcài　食べられる野生の植物	

"队长"は「軍隊」の「隊長」ではなくて"生产队"shēngchǎnduì の「隊長」のことです。同様に"社长"shèzhǎng も会社の社長ではなくて「人民公社の長」。また"经理"jīnglǐ といえば会計担当のことではなくて，むしろこれが日本語の「社長」や「マネージャー」にあたります。

最後に，ご質問中の"手纸"ですが，現在ではトイレットペーパーのことは"手纸"よりも"卫生纸"wèishēngzhǐ というほうが一般的です。ご参考までに。

40 今に生きる故事成語

Q 漢文の授業で習った「五十歩百歩」とか，「出藍の誉」などは，現在の中国でも使われている故事成語なのでしょうか。

A 中国は歴史の国。広大無辺の大地の上で，数千年にわたり興亡を繰り返してきました。その中で人々はさまざまな人生経験を練りあげ凝縮し，わずか数文字で表現される箴言警句として後世に残しました。私たち日本人はその恩恵に浴することまことに大きいわけで，多くの故事成語（中国語では"成语"chéngyǔ）を中国の人々と共有しています。「温故

"画蛇添足"

知新・画龍点睛・神出鬼没・捲土重来・四面楚歌・同床異夢・同病相憐む・病膏肓に入る」等々，いずれも私たち日本人になじみ深い成語ばかりですが，中国においても同様に同じ文句で人口に膾炙しています。

しかし，その一方で，表すところの意味は同じでも，文句が日本と中国で異なっている成語も少なくありません。思いつくままに挙げてみましょう。（　）内が中国で通用している表現形式です。

　　蛇足（画蛇添足　huà shé tiān zú）
　　杞憂（杞人忧天　Qǐ rén yōu tiān）
　　背水の陣（背水一战　bèi shuǐ yí zhàn）
　　螳螂の斧（螳臂当车　táng bì dāng chē）
　　五里霧中（如堕五里雾中　rú duò wǔ lǐ wù zhōng）
　　一日千秋（一日三秋　yí rì sān qiū）
　　先んずれば人を制す（先发制人　xiān fā zhì rén）

「五十歩百歩」や「出藍の誉」も中国と日本で表現形式の異なる成語で，中国ではそれぞれ"五十步笑百步" wǔshí bù xiào bǎi bù, "青出于蓝而胜于蓝" qīng chū yú lán ér shèng yú lán（青は藍より出でて藍より勝る）という形式で用います。「蛇足・杞憂・背水の陣・螳螂の斧・五里霧中」なども同じですが，どうも日本語は動詞的な形をあまり好まず，圧縮して名詞的に表現する傾向があるようです。

以上，紹介した成語は"神出鬼没" shén chū guǐ mò, "同床异梦" tóng chuáng yì mèng のようにほとんど四字句からできていますが，これが狭い意味での典型的な"成语" chéngyǔ です。

このほか，
　　百闻不如一见。bǎi wén bù rú yí jiàn（百聞は一見にしかず）
　　不入虎穴，焉得虎子。bú rù hǔ xué, yān dé hǔ zǐ

(虎穴に入らずんば虎児を得ず)

三十六计，走为上计。sānshí liù jì, zǒu wéi shàng jì

(三十六計逃げるにしかず)

のような短文の形のものは"谚语"yànyǔ とよばれています。

なお成語は，私たち日本人が想像する以上に，中国人の言語生活に抜き難く根をはり，如何にそれを適切に用いるかが，口頭語・書面語を問わず，中国人の言語訓練の大きな部分を占めていることを理解しておく必要があるでしょう。

41 祖父の「中国語」？

Q 祖父は戦争中，中国に行ってましたが，よく「マンマンデ」「カイカイデ」などと言います。これは本当に中国語なのでしょうか。

A 「マンマンデ」("慢慢儿地" mànmānrde〔ゆっくりと〕)，「カイカイデ」("快快儿地" kuàikuāirde〔はやく〕) のほかにも「タァータァーデ」("大大的" dàdàde〔デッカイ〕)，「ミシミシ」("咪唏咪唏"(?) miximixi〔飯〕) などがありますが，日本人が中国を蹂躙している時に用いた侵略中国語とでもいうべきものです。今でも中国の映画には"仁丹胡" réndānhú (仁丹ひげ，仁丹の商標の男のひげ) をはやした日本の軍人が，声調も文法も全く無視して「ニィディ タァータァー ディ ハオ」("你的大大的好"〔おまえスゴクいいぞ〕) とどなっている場面が出てくることがあります。過度に"的"を使用したこのような表現

は，旧日本軍人の典型的セリフとして用いられているわけです。中国の子供は今でも"小孩儿，小孩儿，你快长大，长大了我教你日本话，miximxi 是吃饭，八个压路是混蛋。" Xiǎoháir, xiǎoháir, nǐ kuài zhǎngdà, zhǎngdàle wǒ jiāo nǐ Rìběnhuà, miximixi shì chī fàn, bāgeyālù shì húndàn.（小さな子よ早く大きくおなり，大きくなったら日本語を教えてあげよう。miximixi はごはんを食べる，bageyalu は馬鹿野郎。）と歌うことがあるそうです。そうだからと言って，私たち日本人が使っていい〈中国語〉では，決してありません。そのほか「ポコペン」("不够本" búgòuběn〔原価にもならない，本を切る→まかりません〕）といういい方も中国の商売人が使ったことに端を発しているのでしょうが，中国人を指す言葉として用いることがあるようです。「支那」「南京虫」などとともに，中国の人が不快を覚える言葉であることは言うまでもありません。中国語のことを「チャン語」というのも無神経です。

日本軍人のようす
《红灯记》1939 年，東北での抗日戦争)

42 日本語の小説の中国語訳はありますか

Q 中国では日本に対する感心が高いと聞きましたが，日本の小説は中国語に訳されているのですか，また歌はどうですか。

A 訳されているどころではありません。あふれています。日本の中国書籍を扱う店でも簡単に手に入ります。

私が中国語の勉強を始めた1960年代後半には小林多喜二を中心とするプロレタリア作家のものに限られていましたが，現在では村上春樹，渡辺淳一から漱石まで実にさまざまなものが翻訳されています。赤川次郎などの探偵小説も驚くほどたくさんあります。私の知る限りでも川端康成の『雪国』の翻訳は5種類あります。

小説のみならずドラマ・歌などの輸入も盛んに行なわれています。インターネット（例えばhttp://google）で"日本歌星"と入力しますと"滨崎步"Bīnqí Bù（浜崎あゆみ）や"早上少女组"Zǎoshàngshàonǚzǔ（モーニング娘。）がいかにもてはやされているのか伺えます。

小説の翻訳もかつては意訳・直訳が主流でした。漱石の『心』は《心》Xīn，有吉佐和子の『地歌』『墨』は《地歌》Dìgē《墨》Mò といった調子です（もっとも直訳しただけではわかりにくいものは，手を加えます。漱石の『それから』は《从此以后》Cóngcǐ yǐhòu〔それ以後〕と訳されています。陳舜臣の『玉嶺よ再び』は《重见玉岭》Chóngjiàn Yùlíng となっています。中国語の副詞は一般的に独立して用いられないという文法的事情からだと思われます）。今では，翻訳される対象が変ってきたということもありますが音訳語の増加が顕著です。

村上春樹『スプートニクの恋人』の訳本

外国文化の受容というのはそういうものなのでしょうが，中国で歓迎されているものが必ずしも日本でメジャーなものとは限らないというのも面白い点です。"北国之春" Běiguó zhī chūn（北国の春）は国民歌謡の趣さえあります。私はかって『北国の春』の混声四部合唱を聞いたことがあります。最初はシューマンの歌曲かと思ったほど古典的な歌い方をされていました。

5 日中漢字問答

43 中国語はタテ書き，それとも，ヨコ書き？

Q 高校で勉強した漢文はタテ書きなのに，中国語の教科書はどうしてみんなヨコ書きなのですか。

A 中華人民共和国の憲法は横書きですし，中国で現在出版されている小説・雑誌・新聞も基本的には横書き。小中学校の教科書も横書きなら，生徒の使うノートも横書き。かつて私の"同屋"tóngwū（ルームメイト）だった中国人の友達が，外出の時に私にいつも書き残していった"纸条儿"zhǐtiáor（メモ）も横書き，そしてその彼からいま届く手紙もやはり横書きです。つまり現在の中国では正式・公式の文書から日常的なメモに至るまですべて左から右への横書きが一般的です。もっとも中国国内でこのように横書きが一般的になったのは中華人民共和国成立後のことで，それ以前は三千年前の甲骨文字の昔から悠久たる縦書きの歴史が続いていたのです。高校で学んだ漢詩や漢文のような所謂「文言」（古典中国語）は，もとは当然杜甫や韓愈らが縦書きしたものです。

横書きが正式の書式として公認されたのは 1955 年 10 月の全国

縦書きと横書きの混じる《人民日報》

文字改革会議の時で、公の刊行物の横書き採用は同年元旦の『光明日報』という新聞に始まるとされています。以来、中国語とりわけ現代語の書式としては公的にも私的にも横書きが一般化し、現在に至っています。日本の中国語教科書の類も大部分はこれにならって横書きになっています。それに、アルファベットによる"拼音字母"pīnyīn zìmǔ（ローマ字表記）を添える必要からも、横書きでないと不便でしょう。先に触れた全国文字改革会議で横書きが提唱された事情も、実は、このローマ字表記法としての"拼音字母"が翌年の1956年2月に公表された事情と、決して無関係ではなかったのです。

ところで、それでは現在の中国では縦書きは全然行われていないのかというと、そうではありません。例えば《人民日報》にも縦組の欄が部分的に見かけられますし、街角の標語やスローガンにも縦書きは少なくありません。また文言（古典中国語）を扱っ

たり，文言で書かれたりした書籍の中には，現在出版（あるいは再版）されるものでも縦組の活字のものが少なくありません。十九世紀末に出た中国最初の近代文法学の書とされる《马氏文通》が'83年に横組に組み直されて復刊されたかと思うと，'60年に初版が出た《全唐詩》は'79年にもやはり縦組のまま再版といったぐあいです。要するにスタイルや内容や目的に応じて縦書きがなお用いられることもあるというわけです。

44　中国語の漢字の読みは一通りだけか

Q　日本の漢字には，ふつうは，訓読みと音読みの二通りがありますが，中国語の漢字はすべて一通りの読み方だけなのですか。

A　日本語の場合は，音読みと訓読みとの区別ばかりか，音読みには，呉音・漢音などの区別があり，しかも単語ごとに結構厳密な読み分けがされています。例えば「人」はジンとニンという音をもち，

　　中国人　　現代人　　古代人……ジン
　　管理人　　弁護人　　仕掛人……ニン

のように読み分けています。上の例では，動作名詞のあとの「人」は「ニン」と読むといったきまりがありそうです。中国語においてはこのような読み分けはありません。"人"は常にrénと読まれます。中国語の漢字は一字一音が原則ですが，この原則からはずれ，一字多音のものもいくらか存在します。

その一つは読書音と口語音の2音を保っているものです。例えば詩人李白のことを昔は Lǐ Bó と読むと習いましたが，今では Lǐ Bái と呼んでいます。"白"の文言音は現在はほとんど使われません。"白"のほかには以下のようなものがありますが，常用字ではその数は限られています（前者が読書音）。

　　六 lù ～ liù　　　　　血 xuè ～ xiě
　　剥 bō ～ bāo　　　　薄 bó ～ báo

二つ目は，同じ字でも異なる意味によって音が違うもの（これはことばとしては別の語が同じ字で書かれていると考えてよい）。例えば，"长"は長いという意味では cháng ですが，「生長する」という意味では zhǎng と読まれます。常用字の類例を挙げておきます。

　　传　①chuán：传达～ dá［伝える］
　　　　②zhuàn：传记～ jì［伝記］
　　大　①dà：大小～ xiǎo［大きさ］
　　　　②dài：大夫～ fu［医者］
　　都　①dū：首都 shǒu ～［首都；みやこ］
　　　　②dōu：都是～ shì［みんな；すべて］
　　重　①zhòng：很重 hěn ～［とても重い］
　　　　②chóng：重复～ fù［重複する］

また，なかには声調だけが異なり，それによって品詞や意味の違いがあるものもあります。

　　钉　①dìng〔動〕釘をうつ
　　　　②dīng〔名〕釘
　　好　①hǎo〔形〕よい；素晴しい
　　　　②hào〔動〕好む
　　数　①shǔ〔動〕数を数える

②shù〔名〕数
少　①shǎo〔形〕少ない
　　②shào〔形〕年が若い
种　①zhòng〔動〕植える
　　②zhǒng〔量〕種類

ほかにも"着"などはzhe, zháo, zhāo, zhuóの4通りもの読み方があります。このような一字多音の例は漢字全体の約一割を占めます。常用字には結構でてきますから，皆さんも自分で捜してみて下さい。初級の教科書などに出てきたら要注意です（なぜって，テストの好材料じゃありませんか）。

45 漢字をどうして"汉字"にするのか

Q 悠久の歴史をもち，絢爛たる文化を育(はぐく)み記録して来た漢字を，なぜ"龙(龍)"lóngとか"辽(遼)"liáoとか，わけのわからない略字などにする必要があるのでしょうか。

A 漢字は総数五万以上，一般の新聞・雑誌を読むにも三千は必要とされています。そこで，日常生活においても最低三千字の読み書きが必要であるということを前提にして，漢字の簡略化を中国の人たちの日常生活の中に置いて考えてみましょう。次に掲げるのはいずれも使用頻度の高い常用字の簡略化される前の字体（繁体）と，簡略化された後の字体（簡体）です。（　）内が簡体です。

　　臺（台）　　　聽（听）　　　變（变）　　　邊（边）

　　　　(甲骨文)　(金文)　(小篆)　(隷書)　(楷書)

　　　　(战国简体)　　　　(草书)　　(现代通行简体)

　　鬪（斗）　　龜（龟）　　壽（寿）　　寶（宝）
　　麵（面）　　醫（医）　　歸（归）　　竈（灶）

　もう少し例を掲げて見ます。これはある小説の第一ページから適当に選んだもので，いずれも常用字です。

　　　點（点）　　麼（么）　　與（与）　　關（关）
　　　輕（轻）　　靈（灵）　　專（专）　　塊（块）
　　　歲（岁）　　數（数）　　當（当）　　價（价）
　　　還（还）　　總（总）　　爲（为）　　號（号）

　最低三千，仮名のような逃げ道のない状況で，以上のような繁体字の読み書きをマスターし，日常的に使用する労力を考えてみた場合，漢字の簡略化が労力の軽減に大きく貢献していることが実感できます。また，漢字は度重なる字体の変遷と字音の変化により，表意・表音性はうすく，記号性がきわめて強くなっていましたので，中国語をよりよく伝達するという前提のもので，可能な限りの簡素化・効率化を図るという方針に大きな無理なく適合できたものと思われます。

　中国文化の創造と発展に漢字が果した役割を否定する人はいないでしょう。問題は，教育の普及と向上が求められ，文化のよ

り一層の発展が求められる中で，漢字にかつて果したより以上の貢献をさせるにはどうするのが一番よいかということだと思います。

46 日中の漢字の統一は可能か

Q 中国と日本は今，どうして同じ漢字を使わないのですか。同じ漢字を使ったほうがお互いに理解しやすく，便利だと思いますが。

A かつて，中国語は有気音と無気音，日本語は濁音と清音という対立を利用しているので，お互いに相手の言葉を勉強する際やっかいなので，どちらかに統一してはと提案した人がいたそうです。同文同種などと言われたりしますが，中国語と日本語は本来系統も異なれば，類型論的にも大きな隔たりのある，それぞれ独立した言語であって，中国語には中国語のメカニズムが，日本語には日本語のメカニズムがあるので，たとえ一部分であっても他国語の便宜のために変更したり取り換えたりなど出来るはずがありません。暴論というべきです。それにひきかえ，文字というのは言語にとって二次的な要素ですから，人為的な修正は不可能ではありません。事実いろいろな言語でさまざまに手を加えられています。

日中両国が同じ漢字を用いるようになれば，"飞机" fēijī のことを「飛ぶツクエ」などと思う人もなくなって，さぞかし便利なことでしょう。便利すぎて，お互いに相手の言葉が読めるような

錯覚に陥り，真面目に勉強する人が少なくなるのではないかと心配になるほどです。

　倉石武四郎著『漢字の運命』(岩波新書)にも，中国で共通語"普通话"pǔtōnghuàを定める際の，すったもんだの記述がありますが，日中両国で漢字を統一するとなると，それ以上のやりとりが行われることは必至です。「圧」なのか「压」なのか，「骨」なのか「骨」なのか，一つ一つ時間をかけて討論する必要があるでしょう。しかしそれよりも問題なのは，それぞれの国で，それぞれ違った原理で漢字を作ったり，簡略化しているということです。「丼」(どんぶり)は井戸の中に物を投げ入れた時の音からの連想です。中国語の"阳"yáng(陽)，"阴"yīn(陰)なども日本字にはない文字作りです。"亿"yìは「億」の簡体字ですが，中国語では「億」も"乙"yǐと同じ音になってしまいましたので，"乙"を音符として"亿"とできるわけですが，日本語においては，「億」と「乙」とは同じ音ではないので，そのようなことをするわけにはいきません。先に，文字は言語にとって二次的な要素だと書きましたが，それが音を直接反映しているとしたら，それぞれの言語の音韻体系が密接にからんでくることになって，他国語とのかねあいは非常に難しくなってきます。こんな難しそうな理論的な問題もさることながら，長年親しんできた自分の名前の漢字が変更されても我慢できますか。自分の名前でなくても浜崎あゆみ，倉木麻衣ファンは，"滨崎步""仓木麻衣"ではピンとこないのではないでしょうか。

47 わからない字はどうする？

Q 前から疑問に思っていたことですが，漢字ばかりの中国語では，ある言葉の漢字がわからないとき，どう書くのですか。日本では，例えば手紙で，「健康に気をつけて」と書く時，「健康」の字が思い出せなければ，平仮名で「けんこう」と書いても何とか通じますが，平仮名のない中国語ではどうするのでしょう。

A 社会生活を送っている人間は誰でもことばが話せますね。しかし，話すことができるからといって文字が書け，読めるとは限りません。ことばを話せることと，文字の読み書きができることとは別のことです。日本では識字率が極めて高く，ほとんどの人が文字を知っています。これは教育の普及もありますが，「あいうえお」五十音が書ければ，一応の用は足せるという点が大きいのです。それに対して，漢字ばかりの中国では日常生活に不便をきたさぬためには二千や三千の常用漢字を記憶しなければなりません。負担はずっと大きく，難しい漢字を少しでもやさしくし，その数も減らそうという文字改革も必要なわけです。

さて，実際手紙などで，とっさに思い出せない字を書くときはどうするのでしょう。いくつか手が考えられます。

1) 誰かに聞く。
2) 字書をひく。
3) ローマ字（ピンイン）で書く。
4) 当て字をする。

5) 知っている字に替える。
6) 絵で描く。

 1)の誰かに聞くというのは手っとり早いやり方です。2)や3)ができれば，これはある程度の教育がある人です。4)の「当て字」は時々見られます。例えば，"祝你健康." Zhù nǐ jiànkāng.（健康に気をつけて。）の"健"がどうしても想い出せぬときは，"祝你見康."と同音の"見"jiànを使う，という手です。5)の知っている字に置き替えるというのは，"祝你身体好." Zhù nǐ shēntǐ hǎo.（お体に気をつけて。）のように，"健康"をやめて"身体好"にしてしまう方法です。

 最後の絵で描くというのは，日本でも次の図のように，マンガチックにやりますね。

 中国の小説《李双双》には，夫が野良から帰ると，入口に妻がチョークで伝言を残してあったという場面が描かれてい

連環画《李双双》
絵：駕友直

ますが，その伝言が，絵入りです。伝言の部分を拡大して示すと前ページのようなぐあいです。

「カギはいつものところにある。子供が四嬸ばあさんの家にいます。家に帰ったら火をおこしておくこと。」という意味が読みとれますね。これは字が書けないからというのでもなさそうですが，こんなこともできるということでご紹介しました。

48　中国の略字のしくみは？

Q 中国の略字には"書"が"书"となっていたり，"驚"が"惊"となっていたり，なぜそういう形になったのかわからないものが随分あるように思います。現在の略字はどのような過程をへて造られたのですか。

A 中国の漢字に対する簡略化の作業は大きく二段階に分けることができます。漢字の字数そのものを減らす作業，つまり「異体字」の整理がその第一段階で，第二段階は画数を減らす作業です。

「異体字」の整理とはどういうことかといいますと，漢字は総数五万以上と言われますが，その中には「村～邨｜嘆～歎｜峰～峯｜輝～暉～煇｜歓～懽～讙～驩｜窓～窻～窻～牎」のように，発音も意味も同じなのに字体だけが異なる字の組（「異体字」の組）が数多くあります。これは不必要で紛らわしいだけであるため，一つだけ残し他は棄てることにしました。これが異体字の整理ということで，その際の取捨選択の原則は一応次の四点です。

①一般に広く通用しているほうを残し，他を棄てる（"村" cūn と"邨"なら"村"を残す）。
②画数の少ないほうを残し，多いほうを棄てる（"礼" lǐ と"禮"なら"礼"を残す）。
③もし①と②の原則が衝突したなら，つまり画数の多い字体のほうが広く通用している場合には，画数の多寡は問わず，①の原則を優先し，広く通用しているほうを残す（"輝""晖""煇"の三字だと，画数は"輝"が最も多いが，最もよく使われているので，画数の少ない"晖""煇"を棄て"輝"を残す）。
④偏（へん）や旁（つくり）の位置が異なるだけのものは，書きやすいほうを残す（"峰"と"峯"なら"峰"を残す）。

これにより，約1100の異体字を整理しました。

第二段階の画数を減らす作業は，偏や旁や冠（かんむり）など，つまり漢字のさまざまな部首を簡略化することが主たる作業となりました。例えば"言"を"讠"，"侖"を"仑"とすることによって，次のような略字が生まれました。

説　　話　　論　　倫　　淪
↓　　↓　　↓　　↓　　↓
说　　话　　论　　伦　　沦

「論」ですと，なんと15画から6画に減少しています。ただし，部首の中には"言"のように，偏として使われたときだけ"讠"と簡略化し，"言語"の"言"のように単独で使われたり，"信"のように旁となったときには簡略化せずもとのままのものと，"车"（車）のように，"车，输，阵，库，轰（轟）"とどんな位置にきても簡略化されるものとがあります。前者に関しては，"讠"のように単独では字の体をなさないからという理由によるものと，次の"溪"の字のように簡略化によって本来異なる字が同形

になるのを避けんがための理由によるものとがあります。

　莫→又；難→难，漢→汉

　奚→又；鷄→鸡，溪→溪

画数を減らすためにどういう手段が採られたか，もう少し例を掲げて説明しましょう。

　①画数の多い偏や旁などを画数の少ないものに代える。

　　筆→笔　劉→刘　嘆→叹　鄧→邓

　②旧字体の一部のみを残す。

　　飛→飞　蟲→虫　開→开　豐→丰

　③草書体を楷書体風に直線的に書く。

　　書→书　興→兴　爲→为　專→专

　④画数の少ない同音の字に代える。

　　麵→面　穀→谷　鬱→郁　後→后

この方法は「六書」の「仮借」，俗っぽく言えば「当て字」です。

　⑤まったく新しい字体を造る。

　　頭→头　護→护　竈→灶　驚→惊

新しい字体を造るときには，「六書」の「形声」と「会意」がよく用いられます。例えば"灶"は"火"と"土"で「かまど」を表す「会意文字」であり，"护"と"惊"はそれぞれ"扌"（手）と"忄"（心）が意味を表し，"户"と"京"が音を表す「形声文字」です。

以上のような簡略化が続けられた結果，1964年までに2200以上にのぼる簡略字（中国語では"简体字" jiǎntǐzi）が造られ，その画数は平均して旧字体のほぼ半分になっています。

49 ウカンムリはタカラブタ

Q 漢字の部首の呼び名は日本語も中国語も同じなのでしょうか。

A 呼び名の対照表を作ってみましたのでご参照下さい。ただしこの表は網羅的なものではありません,「木ヘン」とか「石ヘン」とかも含まれていません。このような自ら独立した文字でもある偏は,たいてい"〜字旁儿"〜 zì pángr と呼ばれます。またここに挙げた名称は,中国語に関しても日本語に関しても,比較的よく通っているもののみを選びました。他の呼び名がないというわけではありません。

偏　旁	中　国　語	日　本　語
冫	两点水儿（liǎngdiǎnshuǐr）	にすい
冖	秃宝盖儿（tūbǎogàir）	わかんむり
厂	偏厂儿（piānchǎngr）	がんだれ
匚	三匡栏儿（sānkuānglánr）；三匡儿（sānkuāngr）	はこがまえ
刂	立刀旁儿（lìdāopángr）；立刀儿（lìdāor）	りっとう
冂(冂)	同字匡儿（tóngzìkuāngr）	けいがまえ
亻	单人旁儿（dānrénpángr）；单立人儿（dānlìrénr）	にんべん
勹	包字头儿（bāozìtóur）	つつみがまえ
廴	建之旁儿（jiànzhīpángr）	えんにょう

卩	单耳旁儿（dān'ěrpángr）； 单耳刀儿（dān'ěrdāor）	ふしづくり
阝	双耳旁儿（shuāng'ěrpángr）； 双耳刀儿（shuāng'ěrdāor）； 左耳刀儿（zuǒ'ěrdāor）（在左） 右耳刀儿（yòu'ěrdāor）（在右）	左⇨こざとへん 右⇨おおざと
氵	三点水儿（sāndiǎnshuǐr）	さんずい
丬（爿）	将字旁儿（jiàngzìpángr）	しょうへん
忄	竖心旁儿（shùxīnpángr）； 竖心儿（shùxīnr）	りっしんべん
宀	宝盖儿（bǎogàir）	うかんむり
广	广字旁儿（guǎngzìpángr）	まだれ
辶	走之儿（zǒuzhīr）	しんにょう
土	提土旁儿（títǔpángr） 剔土旁儿（tītǔpángr）	つちへん
艹	草字头儿（cǎozìtóur）； 草头儿（cǎotóur）	くさかんむり
扌	提手旁儿（tíshǒupángr）； 剔手旁儿（tīshǒupángr）	てへん
囗	方匡儿（fāngkuāngr）	くにがまえ
彳	双人旁儿（shuāngrénpángr）； 双立人儿（shuānglìrénr）	ぎょうにんべん
彡	三撇儿（sānpiěr）	さんづくり
夂	折文儿（zhéwénr）	すいにょう
犭	反犬旁儿（fǎnquǎnpángr）； 犬犹儿（quǎnyóur）	けものへん
纟	绞丝旁儿（jiǎosīpángr）； 乱绞丝儿（luànjiǎosīr）	いとへん
巛	三拐儿（sānguǎir）	———

灬	四点儿（sìdiǎnr）	れっか
礻	示字旁儿（shìzìpángr）； 示补儿（shìbǔr）	しめすへん
王	王字旁儿（wángzìpángr）； 斜玉旁儿（xiéyùpángr）	たまへん
攴／攵	反文旁儿（fǎnwénpángr）； 反文儿（fǎnwénr）	ぼくづくり
疒	病字旁儿（bìngzìpángr）； 病旁儿（bìngpángr）	やまいだれ
衤	衣字旁儿（yīzìpángr）； 衣补儿（yībǔr）	ころもへん
禾	禾木旁儿（hémùpángr）	のぎへん
癶	登字头儿（dēngzìtóur）	はつがしら
虍	虎子头儿（hǔzìtóur）	とらかんむり
皿	皿字底儿（mǐnzìdǐr）； 皿墩儿（mǐndūnr）	――――

50　俗字について

Q 中国人の友人から手紙をもらうと，達筆すぎるということもあるのですが，しばしば"仗"だの"丁"だの，辞書にものっていないような漢字が出てきて，読み取るのに苦労することがあります。俗字とでも言うのでしょうか，こういう字はほかにもたくさん使われているのでしょうか。

A　“仪”は“信”xìn（手紙），“亍”は“街”jiē の俗字ですね。

この種の文字は教科書や新聞あるいは小説を見ている限り，お目に掛かることはありませんが，中国国内の日常生活においては珍しいものではありません。青物市場の前を通れば“白芽（菜）”（白菜）という札が目にとまったり，町の“歺（餐）厅”（食堂）に入れば，手書きの“菜单”（メニュー）には“鸡旦（蛋）”（卵）や“啤氿（酒）”（ビール）と書いてあったり……といったぐあいに，《新华字典》にはのっていなくても市井では立派に市民権を得ている俗字・略字の類が見受けられます。『現代中国語辞典』（光生館）には，そうした俗字・略字が丹念に拾ってありますから詳しくはそちらを参照していただきましょう。必ずしもそこに挙げられているもののすべてが常用されているわけではありませんが，“午会”（ダンスパーティー）の“午（舞）”や“电形”（映画）の“形（影）”，“汒出”（上演する）の“汒（演）”，“力昜”（ちから）の“昜（量）”，“站工”（建築工事）の“站（建）”，“仃车场”（駐車場）の“仃（停）”，“注忆”（注意）の“忆（意）”など，簡素な手書きの標識やポスターあるいは標語の中で比較的よく用いられているものも少なくありません。いずれも国家語言文字工作委員会が定めるところの公認の簡略字ではありませんが，巷ではなかなかしたたかな生命力をもっているようです。

俗字の例

忑谢（感谢）	发尸（发展）	欢迊（欢迎）
玻功（玻璃）	畄学（留学）	㚉𢂍（鞋帽）
岀工（出工）	银帝（银幕）	洔洁（清洁）
旅沋（旅游）	粐（糖）	小卖卩（小卖部）

51 中国の小学校の漢字のテストは？

Q 中国の小学生には漢字の書き取りがありますか。漢字に読みがなをつけよという試験はないのですか。

A あります。"一个生字写两行。"Yí ge shēngzì xiě liǎng háng.（新出漢字一字につき二行書いてくること。）とか"每个字抄一行。"Měi ge zì chāo yì háng.（どの字も一行ずつ書き写してくること。）といった"作业"zuòyè（宿題）が"语文"yǔwén（国語）の典型的宿題であるのは日本と同様です。

だいぶ古くなりますが周恩来元首相は〈当前汉字改革任务〉という論文の中で，子供が漢字を覚える過程で先生に何度も手を叩かれなければならないことを指摘し，漢字を簡単なものにする必要性を訴えています。

中国の大きな本屋さんに行くと，日本と同様，山のような学習参考書の中に漢字習得に関するものがその一角を占めています。

図は少年児童出版社の《学前100字》（2002年）という小学校入学前の児童を対象にした漢字練習帳の一部です。100字といっても"一、上、中"のような簡単なものから並べたものではなく，日常生活に必要な

漢字を優先したものらしく"银、瘦、矮、窗、饿、裤、鞋、嘴"のような筆画の多いものも含まれています。

次の例は別の自習用参考書に掲載されていた典型的な漢字問題です。

1. 下面各组字请你按四声的顺序把它们填好。

① (直、　志、　知、　指)

　zhī　　zhí　　zhǐ　　zhì

　( )、( )、( )、( )。

② (跺、　多、　夺、　朵)

　duō　　duó　　duǒ　　duò

　( )、( )、( )、( )。

3. 在这些汉字上加注音，说说各组是根据什么方式成字的。

① ( ) ( ) ( ) ( )

　啊、　矮、　昂、　恶；

② ( ) ( ) ( ) ( )

　跑、　走、　躺、　睡；

③ ( ) ( ) ( ) ( )

　敲、　想、　关、　闯；

④ ( ) ( ) ( ) ( )

　屋、　石、　玉、　印。

1は声調のドリルです。3は、ふりがなをつけるドリルと、それぞれの漢字が表す音節がどういう声母と韻母とから成り立っているかを問うものです。"注音" zhù yīn というのは記号によって漢字の読み方を示すことですが、現在ではもちろん"拼音"が使われています。

小学校に入学するとまず"拼音"が教えられます。それから、

shān	shuī	rì	yuè	huǒ	tǔ
山	水	日	月	火	土

のように"拼音"をつけた漢字が出てきます("拼音"が漢字の上についていることに注意)。

　しかし,"拼音"はあくまで読みを予備的に表す符合として用いられるものであって,平仮名やカタカナを正式の文字として漢字と併用している日本とはかなり事情が異なります。それだけに"拼音"に対する思いはそれほど強くなく,学齢期を過ぎると忘れてしまうことが多いようです。かつては,自分の名前すら"拼音"で書けない留学生がたくさんいました。但し,最近ではその事情が一変しました。コンピュータのキーボード入力との関係もあるのでしょう。"拼音"の重要性は中国でも高まっています。

6

数と量の落とし穴

52 量詞 "个" はどこまで使える

Q 量詞の "个" gè は大ていのものに使えるそうですが,僕は中国語の量詞をいちいち覚えるのが面倒なので, "个" 一本ヤリで済ませようと思っています。"个" は何にでも使えますか。

A "个" が何にでも使えれば,中国語の勉強も大分ラクになるのですが,なかなかそうもいかないようです。

動物を数えるときの量詞を例にとっても,馬なら "一匹马" yì pǐ mǎ といい,牛なら "一头牛" yì tóu niú, ブタは "一口猪" yì kǒu zhū, ヒツジは "一只羊" yì zhī yáng というのが普通でしょう。そして,こういう風にキチンと固定していてくれれば,こちらもあきらめて覚えるのですが,牛は "一条牛" yì tiáo niú ともいうとか,ブタは "一头猪" でも OK となるから,かえってわずらわしいですね。

《现代汉语八百词 増订本》（呂叔湘主編）という本の付録に「名詞と量詞の組合わせ表」が載っていますが,これによると,以下のような動物には "个" を使うことができるとあります。

青蛙 qīngwā（カエル）　　老虎 lǎohu（トラ）

兔子 tùzi（ウサギ）　　　老鼠 lǎoshǔ（ネズミ）

蚊子 wénzi（カ）　　　　狼 láng（オオカミ）

蜻蜓 qīngtíng（トンボ）　鸡 jī（ニワトリ）

問題は，動物に限らず，どんなものを数えるときでも"个"一本ヤリで済ませられるかどうかですが，これは中国人にとってもなかなか難しく，簡単にこうとは言い切れないようです。個人差もあり，方言差，文中での効果など，いろいろな要素が関わってくるからです。

そこで，中国のある語学雑誌で，物を数える言い方を含む文を15ほど用意し，しかも"一个手表"yí ge shǒubiǎo（時計ひとつ）のように量詞は全部"个"を使い，さあこれでよいかと，こんな質問をしました。

①量詞として"个"を用いるべきもの。（カッコ内に＋と記せ）
②"个"を用いてもかまわないが，"个"以外の量詞を使った方がよいもの。（カッコ内に±と記せ）
③普通，"个"を用いることのできないもの。（カッコ内に－と記し，用いるにふさわしい量詞を書け）

多くの読者から，各自の判断が寄せられたと思いますが，結果はどうだったのか，問題文と共に示しましょう。

1. 昨天 老李 买了 一 个 手表。(－，块)
   Zuótiān Lǎo-Lǐ mǎile yí ge shǒubiǎo.

2. 请 卖给 我 十 个 馒头。(＋)
   Qǐng màigěi wǒ shí ge mántou.

3. 我 想 买 一 个 金星 自来水笔。(±，支)
   Wǒ xiǎng mǎi yí ge Jīnxīng zìláishuǐbǐ.

4. 你 数一数，东面 有 几 个 杨树？(－，棵)

Nǐ shǔyishǔ, dōngmiàn yǒu jǐ ge yángshù?

5. 这间寝室能放四个床。(-，张)
   Zhèi jiān qǐnshì néng fàng sì ge chuáng.

6. 小金有两个皮帽子。(±，顶)
   Xiǎo-Jīn yǒu liǎng ge pímàozi.

7. 这里还少两个筷子。(-，双)
   Zhèlǐ hái shǎo liǎng ge kuàizi.

8. 那个人是谁？(+)
   Nèi ge rén shì shéi?

9. 一块钱买了五个瓜。(+)
   Yí kuài qián mǎile wǔ ge guā.

10. 他五元钱买了两个鸡。(±，只)
    Tā wǔ yuán qián mǎile liǎng ge jī.

11. 我买一个火柴。(-，盒，包)
    Wǒ mǎi yí ge huǒchái.

12. 昨晚生产队跑了一个牛。(±，头)
    Zuówǎn shēngchǎnduì pǎole yí ge niú.

13. 这座城市有几个大马路。(-，条)
    Zhèi zuò chéngshì yǒu jǐ ge dà mǎlù.

14. 这两个报纸是谁的？(-，张)
    Zhè liǎng ge bàozhǐ shì shéi de?

15. 我给您提个意见，好吗？(+)
    Wǒ gěi nín tí ge yìjiàn, hǎo ma?

いかがですか。"个"も健闘していますが（±とあるところは"个"OKです。12番の"牛"はOKがでました）、"个"じゃダメというところも結構あります。やはり，何を数えるかによって量詞が違ってくることは認め，ある程度は覚えなければならないようで

す。

　しかし、もし中国人が（無意識の内にでも）、種々雑多な量詞の使い分けをわずらわしいと感じ、"个"一本に統一したほうがよいと思い、実行すれば、将来"个"だけでOKというのも夢ではありません。ことばはその使い手によって長い時間をかけて変わるものだからです。事実、"个化"gèhuà（"个"へ一本化する潮流）を推し進めるべきだと主張する学者もいます。

　ただし、"个化"のうごきは、物をひとつふたつと数える場合で、度量衡量詞（長さ、重さ、体積など）の場合はこんなことは起こり得ませんし、また名量詞でも描写的に用いられる場合、例えば、

　　一轮明月 yì lún míngyuè（一輪の明月）
　　一缕幽香 yì lǚ yōuxiāng（ただよい来るほのかな香り）

に使われている"轮"や"缕"を"个"に変えるのは不適当で、一輪の明月というのは、月を数えるというより、明月のさまを描写していると見るべきです。

　このように中国語の量詞は、物を数える作用と、さまを描写する働きとが分かちがたく、混然一体となっているところがあり、"一条路"yì tiáo lù が"一个路"となりにくいのも、"条"に細長く延びる路の描写が込められているからでしょう。

53 "二" èr と "两" liǎng

Q "二"と"两"はどちらも「2」を表すということですが、その使い分けが呑み込めません。

A　"二"と"两"は，次のように使い方がちがいます。

　(a) "二"のみを使う場合

・"一加一等于二" yī jiā yī děngyú èr（1 + 1 = 2）のように数学に用いるとき。

・量詞を用いず「イチ，ニ，サン」と数を数えるとき。

・"第一" dì yī, "第二" dì èr, "第三" dì sān と順序を言うとき。

・"零点二" líng diǎn èr（0.2）や"二分之一" èr fēn zhī yī（1/2）のように小数・分数のとき。

・二桁以上の数字の首位以外の数，例えば"三万二千" sān wàn èr qiān。

・"十" shí の前。

・量詞"两" liǎng（50グラム）の前。

(b) "二"と"两"両方が用いられるが"二"のほうが一般的な場合

・"百" bǎi の前。

・"亩" mǔ（ムー），"升" shēng など中国旧来の度量衡の前。

(c) "二"のほうが文章語的ではあるが"二"と"两"ともに可能な場合。

・"两位～二位" liǎng wèi ～ èr wèi（お二人），"两成～二成" liǎng chéng ～ èr chéng（20%），"一块两毛～一块二毛" yí kuài liǎng máo ～ yí kuài èr máo（1元20銭）。

(d) "两"のほうが一般的な場合。

・"千" qiān, "万" wàn, "亿" yì の前。

以上のほかは，"两"を用います。例えば，

・一般的な量詞の前。

"两个人" liǎng ge rén（2人），"两本书" liǎng běn shū（2冊の本），"增加两倍" zēngjiā liǎng bèi（二倍増加する），"去

了两次" qùle liǎng cì（二度行った），"一年零两个月" yì nián líng liǎng ge yuè（1 年 2 か月），"两点" liǎng diǎn（二時）など。

・"半儿" bànr の前。

"分成两半儿" fēnchéng liǎng bànr（二つに分ける）。

・外来の量詞の前。

"两吨" liǎng dūn（2 トン），"两公里" liǎng gōnglǐ（2 キロメートル）。

そのほか，"两"は，"两夫妻" liǎng fūqī（夫と妻），"两姐妹" liǎng jiěmèi（姉と妹）のように対をなす親族関係を表す場合，"两便" liǎng biàn（双方にとって都合がよい）のように「双方」の意味を表す場合，"少说两句吧。" Shǎo shuō liǎng jù ba.（少し口をつつしみなさい。）のように不定の数を示す場合にも用いられます。

54 「1」の読み方──「314 号室」と「14 号室」

Q 部屋番号に数字の「1」が混じっていたら"yī"ではなく"yāo"（"幺"）と発音すると習いました。そこで中国に旅行した時ホテルのカウンターで，"我的房间是 yāo sì 号。" Wǒ de fángjiān shì yāo sì hào. といったら変な顔をされて"十四号吗？" Shísì hào ma? と問い返されました。「14 号」を"yāo sì hào"と読んではいけないのでしょうか。

A 数字の「1」を"yāo"と読むのは，ものの〈番号〉を粒読みにするときだけです。たとえ部屋番号でも

"四百三十一"のように位数をきちんとつけて読む場合は"sìbǎi sānshi yī"と読むべきで,"yāo"とは読みません。

いま〈番号〉を粒読みする,といいましたが,番号ならすべて粒読みできるわけではなくて,普通は三桁以上のものに限られています。ご質問の「14」号室は番号が二桁ですから,粒読みは不自然なわけで,粒読みがダメな以上"yāo"もまたおかしいということです。バスの路線番号なども同様で,三桁以上のものは"我坐332路。"Wǒ zuò sān sān èr lù.(332系統に乗ります。)のように粒読みができ,もし"313路"のように「1」が混じっていれば"sān yāo sān"と読みますが,二桁以下のものは粒読みもできなければ,"yāo"もダメで,"13路"は"shísān lù","1路"は"yī lù"と読まなければなりません。その他,電話番号,製品番号,カルテ("病历"bìnglì)の番号など,もろもろの〈番号〉がみな三桁以上であれば粒読みが可能で,同時にそのとき「1」があれば"yāo"と読むということです。ただ電話の番号だけは例外のようで,"要打内线,先拨1。"Yào dǎ nèixiàn, xiān bō 1.(内線に掛けるなら先にダイヤル1を回して下さい。)の場合の「1」は一桁ながら"yào"と読むこともできます。

なお中国語では「1978年」のように三桁以上の年次をいう場合も"yī jiǔ qī bā nián"(あるいはこれを"qī bā nián"〔78年〕"のように下二桁だけをいって上の桁を省略することもある)というように数字を粒読みするのが普通ですが,年次は〈番号〉とは性格が違いますから,たとえ「1」があっても"yāo"と読むことはできません。また「5.301」のように,小数点以下の連続する数字も粒読みされます(この場合は位数がないので粒読みするしかないのです)が,これも無論〈番号〉ではありませんから"yāo"は使いません。

55 "一百一"は101に非ず！

Q 中国語では"一百一"yìbǎi yī と書いて110を表すそうですが，本当ですか。これでは101とまぎらわしくありませんか。

A 中国語では，位数が連続する場合，末尾の位数を省略できるので，110は"一百一十"とも"一百一"ともいいます（ただし，後に「量詞（＋名詞）」が続く場合は位数は省略できず，「110冊の本」は"一百一十本书"というべきで，"一百一本书"ではいけない）。1100は"一千一百"か"一千一"となります。位数が連続しない場合，つまり数字の間に0があれば必ず"零"líng（ゼロ）を使い，101は"一百零一"となり110と混同されることはありません（0が二つ以上連続しても"零"は一つです）。

また，"一"の使い方にも注意して下さい。日本語とは違い"百"以上の場合は"一"は省略できません。100は"一百"yìbǎi，1000は"一千"yìqiān で，"一"をつけず単に"百"，"千"とは

数　　量	表　　現	省　略　形
101	一百零一	
110	一百一十	一百一
1001	一千零一	
1010	一千零一十	
1100	一千一百	一千一

いいません。10 も数字の途中に出る場合は表に挙げた 1010 のように，"一十"とします。

56 "几个人"と"一些人"

Q "有几个人" yǒu jǐ ge rén も "有一些人" yǒu yìxiē rén も「いくらかの人がいる」と先生は訳しましたが，"几个"と"一些"は同じなのでしょうか。

A "几" jǐ は 1 以上 9 ぐらいまでの数を予想して使うことばです。"你几岁？"Nǐ jǐ suì？(あなたはいくつですか？)といえば，まだ十歳にならないぐらいの子供に年をきく場合です。したがって，"有几个人"といった場合も話し手の頭の中には 10 以内の数が思い描かれているのです。

それに対して，"一些人"はある全体に対して「一部の人」という含みをもちます。"几"が 1～9 というワクをもつのに対し，"一些"にはそのようなワクを定められず，「全体」に対する「一部」という相対的な数量を表すのです。ですから，一万人もの労働者が働いている工場で，

　　有一些人反对这个意见。Yǒu yìxiē rén fǎnduì zhèi ge yìjiàn.(一部の人がこの意見に反対だ。)

といえば，具体的には"一些人"は五百人でも，二千人でも表すことができます。全体に対しての相対性をもった一部分が"一些"ですから，「全体」が変化すれば，その「一部分」もそれにつれて変わります。一方，

有几个人反对这个意见。Yǒu jǐ ge rén fǎnduì zhèi ge yìjiàn.
では"几个人"はやはり数人でしかありません。全体の大小とは無関係です。さらに，

a. 我们学校的一些人 wǒmen xuéxiào de yìxiē rén
（全校の一部の人）
b. 我们班的一些人 wǒmen bān de yìxiē rén
（クラスの一部の人）

こういう例では，aのほうがbよりも多くの人数を指している可能性が高いといえます。

また"几个"は具体的なものにしか使われませんが，"一些"は抽象的なものや，形容詞と共に用いられるという違いもあります。

他给了我一些鼓励。Tā gěile wǒ yìxiē gǔlì.
（彼は私をいくらかはげましてくれた。）
他比我高一些。Tā bǐ wǒ gāo yìxiē.
（彼は私より少し背が高い。）

こういう"一些"は"几个"におきかえられません。

57 "一本本子"はなぜおかしい？

Q 「一冊のノート」は"一本本子" yì běn běnzi といえないそうですが，どうしてですか。辞書には"本"という量詞は「本・雑誌・ノートなどの冊数を数えるのに用いる」と書いてありますが。"本"という音が連続するのがおかしいということでしょうか。

A　本や雑誌は"一本书" yì běn shū，"三本杂志" sān běn zázhì のように"本"という量詞で数えますが，"本子"（ノート）については"一本本子"は確かに不自然で，やはり"一个本子" yí ge běnzi が自然でしょう。ノートの類には，ほかに"笔记本" bǐjìběn（筆記帳）や"作业本" zuòyèběn（宿題帳）などがありますが，これらについても"一本笔记本"や"两本作业本"というのは少し不自然です。ですから，問題は必ずしも"一本本子"のように"本"の音が連続している場合だけに限らないようで，とにかく，次に来る名詞の中に量詞と同じ"本"の字が含まれている場合には問題がありそうです。

　同じことは他の量詞についてもいえます。例えば同じく部屋を数える場合でも"一间房子" yì jiān fángzi（一つの部屋）は自然ですが，"一间房间"はやや不自然です。中国には"油条" yóutiáo という小麦粉を揚げた細長い食べ物がありますが，これも，普通細長い形をしたものを数えるときの量詞"条"を使って"一条油条"というとやはり変です。また同じ酒屋にしても"两家酒店" liǎng jiā jiǔdiàn（二軒の酒屋）は自然ですが，"两家酒家" liǎng jiā jiǔjiā は不自然です。ほかにも"一扇门扇" yí shàn ménshàn（一枚の扉），"一粒米粒" yí lì mǐlì（一粒の米粒），"一片肉片" yí piàn ròupiàn（一きれの肉），"一座座钟" yí zuò zuòzhōng（一つの置き時計）など，うしろの名詞の中に量詞（△印）と同じ字（○印）が含まれている例はほとんどみな自然さを欠きます（"一课课文" yí kè kèwén〔一課ぶんのテキスト文〕など，自然なものも稀にある）。

　ところでいま問題になっている前後二つの字は，そのように量詞としても，また名詞の中の一部分としても用いられるものです

が，いずれの用法においても，基本的な意味は共通しています。例えば"条"の字の基本的な意味は〈細長い形〉ということです。ですから先の"油条"というのは，油で揚げた細長いものということです。"面条" miàntiáo（うどん）や"柳条" liǔtiáo（柳の枝）の"条"もみな同様です。そして量詞としての"条"もやはり〈細長い形〉のものを数える場合に用いられるものです。例えば"一条腰带" yì tiáo yāodài（一本のベルト）のように。つまり量詞としての"条"は，後ろの名詞の表す事物が〈細長い形〉のものだということを示しているのです。だとすると，"油条"のような名詞はそれ自身すでに"条"の字によって〈細長い形〉であることが明示されているのですから，その上に更に"条"という量詞をかぶせて〈細長い形〉であることを示そうとするのはいささかくどい感じがします。先に挙げたいくつかの例の不自然さはこのくどさによるものだと思われます。置時計を数える場合，どっしりと据えられたものを数えるのに用いる量詞"座"を使って"一座钟"というか，あるいは"一个座钟"といえば十分なわけで，"一座座钟"のように〈置き物〉であることを二重に示す必要はないということです。日本語でも「三粒の米粒」とか「一枝の小枝」というのは少しくどくありませんか。

7 まぎらわしい語彙と語法

58 中国語に品詞はあるか

Q 漢文を習ったとき，例えば "学" xué を「ガク」（名詞）と読んだときと，「マナブ」（動詞）と訓読したときの品詞のちがいなどは気にせずにいましたが，中国語に品詞はあるのですか。

A これはかつて中国においても多くの学者によっていろいろな角度から論じられ，折にふれて今だによく語られる古くて新しい問題です。結論から先に言えば，中国語にも品詞はあるに決まっている，ということになります。しかし結論をうんぬんする前に，そもそも品詞とは何か？品詞のない言語というものが存在しうるのか？ということを考えてみる必要があるでしょう。というのも，中国語がれっきとした言語である以上，品詞のない言語が理論的に存在しうるということが証明されてはじめて，中国語に品詞はあるのかないのか，といった大胆きわまりない問題の提起が許されるわけですから。言語学者の中にも，かつて中国語に品詞は存在しないと考える人がいましたが，それは彼らの定義にかなう品詞が存在しないというだけのことでした。そ

して同じ論法で，中国語には文法さえ存在しないとまで言われたものです。

話を具体的にしましょう。漢文で"学"を「ガク」とも「マナブ」とも訓読しなければならなかったのと同じ問題が，現代の中国語においても存在します。例えば，"学习英语" xuéxí Yīngyǔ（英語を学ぶ）というときの"学习"と，"英语学习"（英語学習）というときの"学习"とでは，明らかに働きが，難しく言うと「機能」が違っています。一方は"英语"を目的語にとった動詞的機能を担い，一方は"英语"の修飾を受けて名詞的機能を担っています。このような現象に対する解決法は二つあります。

一つは英語の辞書などが一般的に採用している「一語多品詞」というやり方です。例えば，*work* という語について，*work hard* のときは動詞だといい，*hard work* のときは名詞だというやり方です。

もう一つのやり方は「一品詞多機能」とでもいうべきもので，"学习"を例にとっていえば，"学习英语"においても"英语学习"においても，"学习"の品詞は同一であると認めた上で，同一の品詞が異なる機能をもつことを許すわけです。

違う例で説明しますと，英語では，*Today is Monday.* の *today* は名詞であるとし，*I met him today.* の *today* は副詞であるとします。上の *work* と同様，「一語多品詞」の例です。しかし中国語では，

今天星期一。Jīntiān xīngqīyī.（今日は月曜日だ。）

我今天遇见他了。Wǒ jīntiān yùjian tā le.

（私は今日彼に逢った。）

の二つの"今天"を共に名詞とします。「一品詞多機能」のやり方です。この「一語多品詞」と「一品詞多機能」のどちらがよいかは，言語に応じて，また同一言語においてもケースに応じて，

それぞれ臨機応変に対応すべきで，一概にどちらが良いとはいえません。

　上の議論からもわかりますように，品詞とは簡単にいえば，どのような位置にどのような形で出現し，何とどのように結合するかというはたらきに応じて分類された語のグループです。ということは，はたらきの異なる語のグループが存在しさえすれば，品詞は存在するということになります。どれだけの数の品詞を認め，それぞれの品詞にどういうはたらきを認めるかは言語によって異なっても構いません。もし，すべての語がすべて同じはたらきをするような言語があるとすれば，それが品詞のない言語ということになりますが，そのような言語は世界のどこにも見つかっていません。

59 "不" bù と "没有" méiyou

Q 否定詞に"不"と"没有"がありますが，二つの意味のちがいや用法の差を知りたいのですが。

A "不"と"没有"の根本的な違いは，それぞれ，
　　不——ある動作・事態が発生しない，存在しない
　　没有——ある動作・事態が発生していない，存在していない

を表すという点にあります。例えば，

1) 他不去。Tā bú qù. （彼は行かない。）
2) 他没有去。Tā méiyou qù. （彼は行かなかった。）

1)では，彼が行く可能性がないことを言っていますが，2)では"他去"という事態が発生しなかったことを述べています。

さて，"没有"は「ある動作・事態が発生していない，存在していない」ことを表しているのですから，逆に"没有"が何を否定するのかと言えば，「実現済みの行為・状態・事態および実現中の行為・状態・事態」を否定することになります。

この「実現済みの行為・状態・事態および実現中の行為・状態・事態」というのを具体的に言いますと，

(a)経験を言う表現

　我见过他一次。Wǒ jiànguo tā yí cì.

　　　　　　　　　　　（私は彼に一度会ったことがある。）

(b)単純な過去を言う表現

　昨天晚上我做了一个梦。Zuótiān wǎnshang wǒ zuòle yí ge mèng. 　　　　　　　　（昨晚私は夢を見た。）

(c)完了を言う表現

　他的病已经好了。Tā de bìng yǐjing hǎo le.

　　　　　　　　　　　（彼の病気はもう良くなった。）

(d)行為終了後の存在を言う表現

　口袋里装着一只狼。Kǒudaili zhuāngzhe yì zhī láng.

　　　　　　　　　　（袋の中に狼が一匹いれられている。）

(e)行為開始後の状態を言う表現

　他无言地望着大海。Tā wúyánde wàngzhe dàhǎi.

　　　　　　　　　　（彼は黙って海を見つめている。）

(f)進行最中を言う表現

　你想什么呢？　Nǐ xiǎng shénme ne？　（何を考えているの。）

(g)実際はまだ実現していないが，すでに実現態勢にはいっていることを言う表現

飞机就要起飞了吗？——没有，还早呢！ Fēijī jiù yào qǐfēi le ma?—— Méiyou, hái zǎo ne!

（飛行機はもうすぐ出ますか——いいえ，まだ早いですよ。）

以上が"没有"で否定される代表的な事態です。このように列挙して示されますと，なにか一つ一つ丸暗記が必要なように思いがちですが，上に申しましたように，"没有"は「実現済みの行為・状態・事態および実現中の行為・状態・事態」を否定すると覚えておけば済みます。これに対する例外的現象は，"一不留神" yí bù liúshén（うっかりして）や"好久不見！" Hǎo jiǔ bú jiàn!（お久しぶり！）のような四字句において，"没(有)"となるべきところが"不"になることです。"见着了没见着？" jiànzháole méi jiàn zháo?（会えたか会えなかったか）が四字句に圧縮されると"见不见着"になることもあるという報告があります。"好久不见"は"好久没见"とすることが可能です。

"不"のほうは上に掲げたような「四字句」を除いては，"没有"が適用されない残りの事態，つまり，

(a) これから実現するかも知れない事態
(b) いつ実現したかなどをまったく意識せず，本来的にそうであるという事態，またその時点においてそうであるという状態

の否定に用いられます。例えば，

イ) 你去不去？——我不去。Nǐ qù bu qu?—— Wǒ bú qù.

（行きますか？——行きません。）

ロ) 我不吃甜的。Wǒ bù chī tián de.

（私は甘いものは食べません。）

ハ) 昨天天气不好。Zuótiān tiānqì bù hǎo.

（昨日は天気が良くなかった。）

60 「できる」は「できる」でも

Q "能" néng, "会" huì, "可以" kěyi の意味と用法の違いを教えて下さい。

A ちょっと厄介な問題ですが、"能"を中心にして、"会""可以"を"能"と比較させながらお答えするのが一番わかりよいでしょうか。

"能"は"能力"nénglì, "性能"xìngnéng, "效能"xiàonéng, "可能"kěnéng, "官能"guānnéng, "能源"néngyuán（エネルギー）などの語彙が物語るように、人や動物の能力、物の用途、事態の自然な展開、条件的な可能性、道理や規則の容認・許可といった、自らの内に自然に存する可能性を言います。

(1) [能力] 他病好了，能下床了。Tā bìng hǎo le, néng xià chuáng le.（彼は病気が治り、歩けるようになった。）
(2) [用途] 橘子皮还能做药。Júzipí hái néng zuò yào.（ミカンの皮は薬にもなる。）
(3) [自然な展開] 今天气温低，水能结成冰。Jīntiān qìwēn dī, shuǐ néng jiéchéng bīng.（今日は気温が低いので水が凍る。）
(4) [可能性] 我明天有事，不能来了。Wǒ míngtiān yǒu shì, bù néng lái le.（明日は用事で来られなくなった。）
(5) [容認] 我们能看着他有困难不帮助吗？Wǒmen néng kànzhe tā yǒu kùnnan bù bāngzhù ma?（彼が困っているのを見て何もしないでもいいのか。）
(6) [許可] 这儿能不能抽烟？Zhèr néng bu neng chōu yān?（ここでタバコを吸ってもいいか。）

以上のうち用途,可能性,許可は"可以"と共通です。ただし,可能性や許可に関しては,一般的に言って,疑問文や否定文,とりわけ否定文には"能"が多く用いられ,肯定文には"可以"を用いるという強い傾向があります。そこで例(4)に対する問いとしては,"你明天能／可以再来一趟吗？" Nǐ míngtiān néng/kěyi zài lái yí tàng ma？(明日もう一度来られますか?)と,"能""可以"共に使えますが,例(4)の"不能"を"不可以"とすることはできません。また例(6)に対する答えも,"那儿可以抽烟,这儿不能。" Nàr kěyi chōu yān, zhèr bù néng.(むこうでは吸ってもいいですが,ここではいけません。) となるのが普通です。

"可以"にはさらに以下のような"能"にはない用法があります。

(7)这本书,你送给他也可以。Zhèi běn shū, nǐ sònggěi tā yě kěyi.（この本，彼にあげてもかまいません。）

(8)这本书写得不错,你可以看看。Zhèi běn shū xiěde búcuò, nǐ kěyi kànkan.（この本よく書けているので読んでみなさい。）

(9)两个人抬不动,可以三个人抬。Liǎng ge rén táibudòng, kěyi sān ge rén tái.（二人で担げなければ，三人で担げばよろしい。）

(7)は「～してよろしい」，(8)は「～してみなさい」，(9)は「～すればよい」ぐらいに読めばいいでしょう。

次は"会"ですが,"会"は"他学会了游泳。" Tā xuéhuìle yóuyǒng.（彼は水泳を覚えた。）という表現に典型的に示されるように,「学習・訓練をへて～する技能を有している」という意味を表します。例えば,

(10)以前他不会游泳,经过练习,现在会游了。Yǐqián tā bú huì yóuyǒng, jīngguò liànxí, xiànzài huì yóu le.（以前彼は泳げ

なかったが，練習をして，今では泳げるようになった。）
この"会"は"能"に換えることも可能ですが，"会"のほうが一般的です。また"会"は動詞を用いずに，"他会中文。"Tā huì Zhōngwén.，"现在会了。"Xiànzài huì le. のように言えますが，"*他能中文。""*现在能了。"はだめです。

さて，"会"は「学習・訓練をへて～する技能を有している」という意味だと述べましたが，この「技能」というのが意外と曲者なのです。例えば外国語を話す，聞く，読むを例にとりますと，同じく学習して始めて可能になることに変わりはないのですが，「技能」とされるのは「話す」だけで，「聞く」「読む」は「能力」とされます。よって，

⑾他会说中文。Tā huì shuō Zhōngwén.（彼は中国語が話せる。）
⑿他能听中文广播。Tā néng tīng Zhōngwén guǎngbō.（彼は中国語放送が理解できる。）
⒀他能看中文书。Tā néng kàn Zhōngwénshū.（彼は中国語の本が読める。）

となります。もし"他能说中文。"と言えば，それは中国語がもう彼の血肉と化しているといった感じにとられます。

さらに「タイプが打てる」は「技能」とも「能力」とも理解されますが，1分間に150字打つといった効率は「能力」として理解されます。よって，

⒁他会／能打字，一分钟能打一百五十字。Tā huì／néng dǎ zì, yì fēnzhōng néng dǎ yìbǎi wǔshí zì.（彼はタイプが打てる，1分間に150字打つ。）

"*一分钟会打一百五十字。"は不可です。

「技能」を言う"会"から「実現の可能性を主観的に肯定する」"会"が派生していますが，この"会"は「確認」の意味をもつ

助詞"的"としばしばセットで使われます。

　(15) 我猜想他一定会这么干的。Wǒ cāixiǎng tā yídìng huì zhème gàn de.（彼はきっとそのようにするはずだと私は推測した。）

　(16) 现在他不会在家里的。Xiànzài tā bú huì zài jiāli de.（いま時分彼が家にいるはずがない。）

最後に再び「技能」の"会"に話を戻します。酒やタバコを勧められ断る時に，よく"我不会。"と言いますが，これは酒やタバコは習っておぼえるものと考えるからです。

61 "-的、-地、-得"の使い分け

Q "-的、-地、-得"の使い分けが飲み込めません……?

A "-地"は様態を描写する連用修飾語のマーカーで，以下に挙げた多くの例に見られるように，通常後には動詞が続きます。"非常地好"fēicháng de hǎo（非常に良い）のように形容詞が後に来る場合もありますが稀であり，"-地"は使わないほうが普通です。

　・草帽一沉一浮地漂在水面上。Cǎomào yì chén yì fú de piāo zài shuǐmiànshang.（麦わら帽子が浮きつ沈みつ水面をただよっている。）

　・他头也不回地走出了客厅。Tā tóu yě bù huí de zǒuchūle kètīng.（彼は振り返りもせずに客間を出て行った。）

・他大滴大滴地掉着眼泪说。Tā dà dī dà dī de diàozhe yǎnlèi shuō.（彼はポタポタと大粒の涙をこぼしながら言った。）
・"是、一、只、狼。"他一个字一个字地顿着说。"Shì、yī、zhī、láng." Tā yí ge zì yí ge zì de dùnzhe shuō.（「オ、オ、カ、ミ、だ。」彼は一字一字息を継ぎながら言った。）
・他不知多少次地做过当父亲的梦。Tā bù zhī duōshǎo cì de zuòguo dāng fùqin de mèng.（彼はいく度となく父親になる夢を見た。）

"-得"には大きく分けて次の三つの用法があります。
①心理・精神活動を表す動詞のいくつかと結合し状態を表す。
・记得 jìde（おぼえている），认得 rènde（見分けられる，知っている），觉得 juéde（感じている）
②可能を表す。
・吃得 chīde（食べられる），穿得 chuānde（着られる），看得懂 kàndedǒng（読んで理解できる），买得到 mǎidedào（買って手に入れることができる）
③程度補語・様態補語を導く。
・［程度補語］
  他跑得真快！ Tā pǎode zhēn kuài！（彼は走るのが本当に速い！）
・［様態補語］
  他跑得满身都是汗。Tā pǎode mǎnshēn dōu shì hàn.（彼は走ったため全身汗びっしょりだ。）
①の否定形は"不记得、不认得、不觉得、……"と"不"を動詞の前に置きますが、②の否定形は"吃不得、穿不得、看不懂、买不到"と"不"を動詞の後に置きます。③の程度補語の否定は

"他跑得不快。"と"不"を"-得"の後にもってきます。様態補語には否定が存在しません。

最後に"-的"ですが,"的"の用法は極めて多岐にわたり,限られた紙面ではその一端を紹介することさえ困難なのですが,連体修飾語に用いられたり,名詞句を作ったりすること以外で初学者が知っておいて良いと思われる用法を少し挙げておきます。

(a)様態描写の語句の接尾辞として用いる。

・他把嘴张得大大的。Tā bǎ zuǐ zhāngde dàdàde.（彼は口をアングリと開けている。）

・这两个人一天到晚唧唧喳喳的,不知说些什么。Zhè liǎng ge rén yì tiān dào wǎn jījizhāzhāde, bù zhī shuō xiē shénme.（この二人は朝から晩までペチャクチャペチャクチャやっているが,何を話しているのやら。）

(b)多く"是、会、要"などと前後呼応し,状況や可能性を強く肯定・確認するときに用いる。

・这样做是很正确的。Zhèyàng zuò shì hěn zhèngquè de.
（このやり方は確かに正しい。）

・你刚洗完澡,冷风一吹,会感冒的。Nǐ gāng xǐwán zǎo, lěngfēng yì chuī, huì gǎnmào de.（君はシャワーを浴びたばかりだから,冷たい風にあたると風邪をひくよ。）

(c)"(是)……的"の形式で,発生した状況の解説に用いられる。

・他真的眼红了,(是)怒火烧的。Tā zhēnde yǎnhóngle, (shì) nùhuǒ shāo de.（彼は本当に目が赤く充血した,怒りの炎に焼かれたのである。）

・"你的手怎么了？""(是)让猫给抓的。""Nǐ de shǒu

zěnme le ?""(Shì) Ràng māo gěi zhuā de.(「あなたの手はどうしたのですか」「猫に引っかかれたのです」)

(d)"(是)……的"の形式で，発生がすでに確認されている事件について，誰が・何を・いつ・どこで・どのように……等をさらに導入するときに用いられる。"的"は動詞に付くことが多い。

・(是)谁先动的手？ (Shì) Shéi xiān dòng de shǒu ?
（誰が先に手を出したのだ。）

・我是请中医看的病。Wǒ shì qǐng zhōngyī kàn de bìng.
（私は漢方医に病気を看てもらった。）

以上簡単に"-地、-得、-的"の使い分けについて紹介してきましたが，この規範を守らない書き手は非常に多く，なかでも規範的には"-地、-得"を用いねばならないところに"-的"が用いられていることがしょっちゅうありますのでご注意下さい。

62 カニはどのように道を歩くか

Q 先日中国人の先生の授業で"怎么"zěnme の使い方を教わったのですが，そのときの例文の一つに"螃蟹怎么走路？"Pángxiè zěnme zǒu lù ? というのがありました。「カニはどのように道を歩くか」なんて，一瞬おかしくて吹き出してしまったのですが，「道」をわざわざ付けることには何か意味があるのですか。

A 意味は大ありです。私はこの種の現象を中国語の生理というか，本能というか，とにかくそういう言葉で呼びた

いほどです。次の例を見て下さい。

・他的小孩儿开始走路了。Tā de xiǎoháir kāishǐ zǒu lù le.
(彼の子供は歩き始めた。)

・我今年69岁，已经退休了。现在干不了重活儿，路也走不动了。Wǒ jīnnián liùshi jiǔ suì, yǐjing tuìxiū le. Xiànzài gànbuliǎo zhònhuór, lù yě zǒubudòng le. (私は今年69歳，もう退職しています。いまは重労働はできませんし，足腰も弱ってしまいました。)

　これはつまり"走"に"路"を加えることによって，歩くという行為を抽象化・一般化しているのです。動詞が"跑"ですと"跑步"pǎobù（ランニングする；ジョギングする）となります。"走"と"走路"の違いを日本語に求めれば，「買う」と「買物（をする)」，「食べる」と「食事（をする)」，「泳ぐ」と「水泳（をする)」などの違いが相当するかも知れません。この点，つまり「動詞＋名詞」の形式を整え，行為を抽象化・一般化するという中国語の「生理」を反映する現象は少なくありませんが，紙面の都合もありますので二つだけ紹介してみましょう。

　まずはスポーツ用語です。バレーボールを例にとってみます。

　　サーブ（をする）　　＝　发球 fā qiú
　　レシーブ（をする）　＝　垫球 diàn qiú
　　パス（をする）　　　＝　传球 chuán qiú
　　スパイク（をする）　＝　扣球 kòu qiú
　　ブロック（をする）　＝　拦网 lán wǎng

　一見して，中国語がすべて「動詞＋名詞」の形式をとっていることに気が付かれると思います。

　行為を抽象化・一般化する手段として，中国語が「動詞＋名詞」を溺愛していることを別の角度から反映する現象は，動詞の

後に来る名詞（つまり目的語）が，個々の行為を最も鮮明に象徴しうるか否かということを規準に選ばれており，この条件を満たしさえすれば，動詞との論理的な意味関係がどうであろうと目的語の位置におさまるということです。よく引かれる例を少し紹介しますと：

  教书 jiāo shū（教鞭を執る）
  吃食堂 chī shítáng（外食をする＝職場の食堂で［日常的に］食事をする）
  晒太阳 shài tàiyang（日なたぼっこをする）
  哭鼻子 kū bízi（泣きべそをかく）
  卖钱（売って金を得る）

このような「動詞＋名詞」の結合を見て，中国語には文法など存在しないのだと勝手に悟る人が多いのですが，まさに何をか言わんやで，これこそが中国語の文法の核心の一つなのです。つまり，

  動詞＋行為を最も鮮明に象徴する名詞
           ⇨行為の抽象化・一般化

ご質問の"走路"はこのことを如実に物語っているわけです。

63 "哪"の文法

Q 「あなたの本はどれですか」を"哪是你的书？" Nǎ shì nǐ de shū？と訳したら，先生に"哪"のあとに量詞の"本"běnか"个"geを補うようにと言われました。"这"zhèや"那"nàは"是"の前では量詞を使わずに，"这是什

么？"Zhè shi shénme？とするのが普通だと思うのですが，どうして"哪"の場合には"哪本是你的书？"Nǎ běn shì nǐ de shū？や"哪个是你的书？"Nǎ ge shì nǐ de shū？のように言わなければならないのでしょうか？"哪"はいつも量詞といっしょに用いなければならないのですか？

A　"哪想到下雨？"Nǎ xiǎngdao xià yǔ？（雨が降るなんてどうして思い至っただろうか，思いもよらない）のように反語表現に用いる場合を除けば，"哪"は一般に量詞を伴って用いるのが普通です。「あなたの本はどれですか」はやはり"哪本是你的书？"や"哪个是你的书？"と言うべきです。これは"是"の前の"这"や"那"が一般に量詞なしで使われることと表裏一体の事柄であり，その理由は「指す」ための表現か「選ぶ」ための表現かという差にあると思われます。

"这"と"那"は本来，対象を「指す」ための言葉です。"这是什么？"は話し手の近くに位置する或る事物を指して，何であるかを尋ね，"那是什么？"は話し手の遠くに位置する或る事物を指して，何であるかを尋ねています。一方，この，事物を「指す」ための"这"と"那"に量詞をつけて"这个""那个"とすると「この一つ」「あの一つ」の意味になり，複数の事物のなかから特定の一つを「選ぶ」ための表現になります。"这个是什么？"と言えば，二つ以上の複数の事物のなかから特に一つを取り立てて，それについて「これは何ですか？」と尋ねていることになります。このように「指示詞＋量詞」というかたちは「選ぶ」ための表現形式なのです。

ここまで話せばもう"哪"が量詞を伴って用いられる理由はおわかりでしょう。"哪"は「指す」ための言葉ではなく，専ら「選

ぶ」ための言葉です。それはつねに「どれ？」「どっち？」と，複数の事物のなかから該当する対象を選び出すことを求めて用いられる言葉です。だとすれば，それが"这个"や"那个"と同様，「指示詞＋量詞」のかたちで用いられるのは至極当然のことと理解されるでしょう。

ところで，"哪"は書き言葉ではしばしば"那"と書かれて，私たちでも"nǎ"と読むべきか，"nà"と読むべきか迷うことがあります（"nǎr"と読まなければならないこともあります）。かと言って"哪"と"那"が文法的に完全に同じふるまいをするということにはなりません。ここでは"国"guóを例にとって考えてみましょう。「何人」「何語」は"哪国人"nǎ guó rén，"哪国话"nǎ guó huàですが，「その国」は"那国"nà guóとは言いません。"那个国家"nèi ge guójiāとしなければなりません。

"哪"が量詞を必要とすることに起因するのですが，"哪儿"も含めて他の疑問詞と違う点があることにも注意したいものです。

・桌子上都有什么？ Zhuōzishàng dōu yǒu shénme？（机の上には何々がありますか？）
・你家里都有谁？ Nǐ jiāli dōu yǒu shéi？（あなたの家には誰々がいますか？）
・你都去过哪儿？ Nǐ dōu qùguo nǎr？（あなたはどこどこへ行きましたか？）

のように他の疑問詞は複雑なものを指すことができますが，"哪个"は言うまでもなく単数で，複数にするためには"哪些（个）"nǎxiē（ge）としなければなりません。要するに"哪个"は「どのひとつ」という意味になるのです。

日本語との関係で言えば"哪个"は「どれ」と「どちら」を兼ねています。つまり選択枝が3つ以上であっても，2つしか

ない場合でも日本語のように区別することはありません。"你要哪个？" Nǐ yào něi ge？は「どれがご入用ですか」と「どちらがご入用ですか」を兼ねています。ただし"哪个"は「どのひとつ」という意味ですから、たとえば子供が生まれたと聞いて「男？女？どっちですか？」と〈種類〉を尋ねるような場合には"哪个"を用いることはできません。"生了哪个？" Shēngle něi ge？は不自然で、"男孩儿还是女孩儿？" Nánháir háishi Nǚháir？と言うか、"什么"を用いて"生了什么？" Shēngle shénme？と言わなければなりません。

64 "谁" shéi と "什么人" shénme rén

Q 芝居の中に、

刚才那个是什么人？ Gāngcái nèi ge shì shénme rén？というセリフが出てきました。「さっきのあれは誰だ」という意味だと思うのですが、「だれ」なら"谁" shéi というべきではないでしょうか。

A 向こうに何か物（"东西" dōngxi）があるとします。一体なんだか正体がわからないときの質問は、

那是什么东西？ Nà shì shénme dōngxi？（あれは何ですか？）でいいですね。では仮にそれが物ではなくて、人間つまり"人"ならどうでしょう。向こうにいるのがどういう人物か正体がつかめないという場合です。先の"那是什么东西？"の"那"を"他"に代え、"东西"を"人"に代えればよいでしょう。つまり、

他是什么人？Tā shì shénme rén？

です。むろん，"他是谁？"も可能ですが，このように"什么人"ということもできます。

　そもそも名詞の前に置かれて連体修飾に用いられるときの"什么"は，

　　　什么事 shénme shì（何の用事）

　　　什么办法 shénme bànfǎ（どんな方法）

　　　什么病 shénme bìng（どんな病気）

　　　什么颜色 shénme yánsè（何色）

　　　什么系 shénme xì（何学部）

　　　什么大夫 shénme dàifu（何の医者）

などのように，ものの内容・性質あるいは種類を問うものです。ですから，ある人物について問う場合でも，その身元・職業あるいは人となりなどを知ろうとする場合，つまり人物の内容や属性にまで踏み込んで知りたい場合には"什么人"という言い方をしてよいわけで，むしろそのほうが"谁"を用いるよりも質問の意図が一層明確になるというものです。しかし，それだけにまた，名前さえ判明すれば十分だとか，どの人物のことを指しているかがわかりさえすれば事足りるというように，人物の内容にまで踏み込む必要のない場合，例えば電話の相手に，

　　　你找谁？Nǐ zhǎo shéi？（誰に用事ですか？）

と問うような場合には"什么人"はふさわしくありません。

　ただし，"什么人"という表現は，その「"什么"＋名詞」というかたちからみて，"什么东西"や"什么狗"，例えば，

　　　这是什么狗？Zhè shì shénme gǒu？（これは何犬？）

　　　这是狼狗。Zhè shì lánggǒu.（これはシェパードよ。）

などと同列に並ぶもの，つまり構造上，人間を人間以外の事物と

同じベルで扱っている，極端に言えば人間をモノ扱いしている表現だといえますから，話し相手に面と向って"你是什么人？"は失礼になります。ちょうど日本語でモノを問う「何」を使って「何モノだ」というと無礼になるのに似ています。

それから「彼はあなたのなんですか」というように，続柄や関係を尋ねる場合は，"什么人"を使って，

　　他是你的什么人？ Tā shì nǐ de shénme rén ?

　　　　　　　　　　　　　　　　　　　　　("的"は省略可能)

と言うべきで，この場合は"谁"が使えません。これには，中国語では疑問代名詞の"谁"をはじめ"我、你、他"など，代名詞一般が連体修飾を受けられないという文法的な約束も働いています。"你的谁"というのは中国語として不自然なのです。そこへいくと"什么人"のほうはそれ全体が"人"を中心語とする名詞句ですから"你(的)"という連体修飾を受けることは問題がないわけです。

　　赵达是个什么人？ Zhào Dá shì ge shénme rén ?

　　　　　　　　　　　　　　　　　　　　　(趙達ってどんな人？)

　　他是个懒汉，老是粘粘糊糊的。Tā shì ge lǎnhàn, lǎo shì niánnianhūhūde.（怠け者でいつもグズグズしているよ。）

というように，"什么人"の前に量詞"个"を置くことができるのも，それが名詞句だからこそです。"~是个什么人？"という表現は特に人となりを問題にする時によく用いられます。

65 「貸す」も「借りる」も"借"jiè!?

Q 教科書に出てきた文ですが,
　　A) 他借了我一本书。Tā jièle wǒ yì běn shū.
というのは,

1. 彼は私に本を一冊貸した。
2. 彼は私から本を一冊借りた。

のどちらにも訳せるそうですが, 本当でしょうか。とても信じられません。これでは論理もなにもないではありませんか。

A 本当です。A文は二通りの意味をもっています。しかし, それでも誤解が生じないのは, ある文を口に出して言う場合, 必ず前後の文脈なり, 話の場面があり, それに助けられて正しい解釈が行われるからです。例えば,

3. 昨日, 僕は彼の家に遊びにいった。

という文のあとにA文を言えば, 1の意味（僕が借りた）にとられますし,

4. 昨日, 彼が僕の家に遊びにきた。

のあとなら, 2の意味（彼が借りた）ととるのが普通でしょう。

ともあれ, "借"は「①貸す, ②借りる」の二つの相反する意味を持っているわけですが, 中国語のさまざまな動詞に広くこのような矛盾する意味があるわけではありません。おもに「やりとり」に関わる動詞に限られます。

"借"と似た動詞に，金銭を伴う貸借を表す"租"zū ということばがありますが，これも二つの意味をもっています。

　　"租"zū　①お金をとって貸す

　　　　　　②お金を払って借りる

しかし，このことはそう不思議なことではありません。例えば英語に目を向けてみましょう。お金を伴わない貸し借りは，確かに *lend/borrow* と区別されますが，お金を伴うほうは *rent* 一語ではありませんか。つまり中国語の"租"と同じく，*rent* 一語で相反する意味をもっているのです。

　それでは日本語はどうでしょうか。なるほど「カス」「カリル」と方向は明確なようです。ところが中国語や英語が金銭を伴うか否かで，はっきり単語を分けているのに，日本語は「カリル」なら「カリル」一語で金銭を伴うものも伴わぬものも表しています。

　5．車を借りてドライブへ行こうよ。

ここでは，レンタカーを借りるのでしょうか。それとも兄貴の車をちょっと借りるのでしょうか。全く区別しません。中国人や英語を話す人がこれを知ったら，なんといい加減なと驚くに違いありません。ここで，英語，日本語，中国語の三者三様のすがたを図に描いてみれば，次のようにまとめることができます。

　このほかにも，「やりとり」を表す中国語の動詞に，"沽"gū，"賒"shē という語がありますが，辞書を引くとこんな風に出て

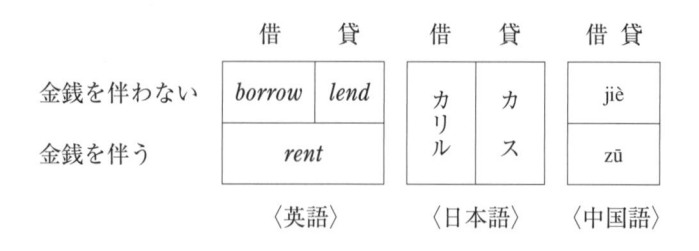

	借	貸	借	貸	借貸
金銭を伴わない	*borrow*	*lend*	カリル	カス	jiè
金銭を伴う	*rent*		カリル	カス	zū

　　　　　　　〈英語〉　　　　　〈日本語〉　〈中国語〉

います。

沽 gū ①買う。②売る。

赊 shē ①つけで買う。②つけで売る。

いかがですか，"借""租"とまったく同じパターンですね。貸借の場合は，金銭を伴うか否かで単語が区別されていましたが，今度は現金 *cash* かツケ *credit* かで分かれています。これも日本語と対比して示しておきましょう

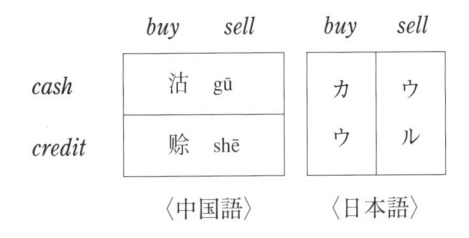

	buy	*sell*	*buy*	*sell*
cash	沽 gū		カ	ウ
credit	赊 shē		ウ	ル
	〈中国語〉		〈日本語〉	

さて，最初の"他借了我一本书。"Tā jièle wǒ yì běn shū. に話を戻しますと，この文からあいまいさをなくすことも可能です。つまり，

1の意味なら，

　B．他借给我一本书。Tā jiègěi wǒ yì běn shū.

と"借给"にすれば方向がはっきりします。また，2の意味にしたいときは，

　C．他借了我的一本书。Tā jièle wǒ de yì běn shū.

とするか，または，

　D．他向我借了一本书。Tā xiàng wǒ jièle yì běn shū.

とすればまぎれることはありません。もっともこういう場合は，次のようにいうのが一番普通です。

　E．他从我这儿借走了一本书。Tā cóng wǒ zhèr jièzǒule yì běn shū.

66 "走"と"去"のちがい

Q "他走了。" Tā zǒu le. と "他去了。" Tā qù le. のちがいがよくわからないのですが。

A どちらも「彼はいってしまった」と日本語に訳せますが、原文の意味するところは明らかに違っています。

他走了。……彼はある場所を離れた。

他去了。……彼はある所へ向かって行った。

"走"は depart, leave, "去"は go です。簡単に図示すれば次のようになります。

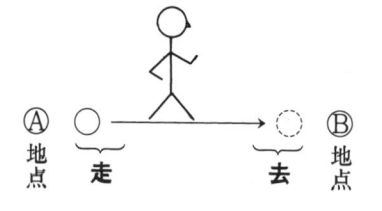

○　　→○
Ⓐ地点　走　　去　Ⓑ地点

話し手がⒷ地点にいて見れば "去" でなくて "来" になる
○は目的地を表す

"去"は go ですから "去东京" qù Dōngjīng（東京へ行く）のように目的語をとれますが、「東京から離れる」を "走东京" ということはできません。この場合は "离开东京" líkāi Dōngjīng と、別の動詞をつかいます。

「彼は帰りました」なら "他走了。" といい、"他去了。" とはいいません。「帰る」のは用がすんで「この場を離れる」からです。

"走"は depart, leave のほかに walk〈歩く〉という意味があります。目的語をとって "走到东京" といえば、「東京まで歩いた」という意味です。

まぎらわしい語彙と語法　147

"走"や"去"には，ほかにもいろいろな用法・意味があります。こういう基本語の使い方をしっかりマスターするのが，中国語にかぎらず語学上達の秘訣です。

67 "也""都"はどこにかかる？

Q "我也爱他。"Wǒ yě ài tā. は，「私も彼女を愛している」と「私は彼女も愛している」と二通りの読み方ができると聞きました。"都"dōu にもそのようなことがあるそうですが，そのへんのところをもう少し詳しく教えて下さい。

A 中国語の副詞，とりわけ一音節の副詞は述語の前に置かれるのが普通です（口語では"都谁来了？"Dōu shéi lái le ?〔誰々が来たの?〕と文頭に置かれる場合もある）。その点で"也"に相応する「も」が助詞であって，自由に位置を変えられるのと大きく異なります。文法的には，副詞は用言にかかるものですが，意味的には，おたずねのようにさまざまなかかり方をします。

・你去，我也去。Nǐ qù, wǒ yě qù.〔"我"にかかる〕
・他去上海，也去北京。Tā qù Shànghǎi, yě qù Běijīng.
　　　　　　　　　　　　　　　　〔"北京"にかかる〕

単文でもどこにかかるのか問題になるようなことが起こります。"我青年时代也做过许多梦。"Wǒ qīngnián shídài yě zuòguo xǔduō mèng. は「私も青年時代に多くの夢を見た」のか「私は青年時代にも多くの夢を見た」のかあいまいです。"这些地方我们都去过。"Zhè xiē dìfang wǒmen dōu qùguo. も「我々全員がこれ

らの場所に行ったことがある」のか「これらの場所すべてに我々は行ったことがある」のかあいまいです。この現象は"也""都"に限りません。"张三最怕李四。" Zhāng Sān zuì pà Lǐ Sì.（張三は〔が〕, もっとも李四をおそれている。）も日本語訳で迷います。「張三は李四が一番恐い」のか「李四はたくさんの人に恐れられているが, その中でも張三が一番恐れている」のかあいまいです。副詞の宿命です。どこにかかるのかは前後の文脈から判断するよりほかありません。さらに次のような例もあります。"酽酽地喝了几碗茶" yànyànde hēle jǐ wǎn chá（濃く濃くお茶を数はい飲んだ──→濃いお茶を何ばいか飲んだ）。"酽酽地"は連用修飾語（"状语" zhuàngyǔ）ですが, 名詞の"茶"にかかっているとしか考えられません。しかし, 中国語の副詞がいろいろな部分にかかるという現象があるからといって, 私たちが好き勝手に使えるというものでもありません。"也"にしても"都"にしても, 述語の前の成分の範囲を限定するのが基本です。「北京・南京・上海は全部行った。」を"我都去过北京、南京、上海。" Wǒ dōu qùguo Běijīng、Nánjīng、Shànghǎi. とするとやはり変です。"北京、南京、上海、我都去过。"とすべきです。

68 中国語の「過去時制」

Q 英語には過去時制があり, 日本語にも「食べる」に対して「食べた」がありますが, 中国語では, 過去時制はどう表すのでしょうか。

まぎらわしい語彙と語法　149

A 　中国語では英語の-edように，過去時制を表す文法手段はとくに用意されていません。「ここで働く」も「ここで働いた」も，中国語では"在这里工作"zài zhèli gōngzuòとなります。「悪い〜悪かった」，「秋だ〜秋だった」，「来るべきだ〜来るべきだった」も，それぞれ"坏"huài, "是秋天"shì qiūtiān, "应该来"yīnggāi láiと，現在や過去の区別はありません。「ここで働く」ということが「去年」行われたとしたら"去年在这里工作"qùnián zài zhèli gōngzuòと"去年"を添え，過去の出来事を表すことになり，「来年」行われるとしたら"明年在这里工作"míngnián zài zhèli gōngzuòと"明年"を添え，未来のことを表します。結果として"去年在这里工作"は「去年ここで働いた」，"明年在这里工作"は「来年ここで働く」という日本語に対応することになりますが，動詞"工作"自体は全く変化していません。中国語はテンス（時制）のない言語といわれるゆえんです。テンスがなくても，"去年""明天"míngtiānというような時間を表す名詞や，前後の文脈によって，ある動作や出来事が過去・現在・未来のどこに属するのかが支障なく理解されるのです。

　それでは，よく使われる"了"leは何を表しているのでしょう。これは「完了」のアスペクトを表しています。ある動作が完了したということと，それが過去とか未来に属するということは別次元のことです。英語でも「現在完了」「未来完了」というように，テンスとアスペクトはそれぞれ別物であるから結びつくのです（テンス，アスペクトについては☞Q-69）。

　しかし，「完了」した動作というのは，話し手が発話をする「現在」を規準にすればすでに過ぎ去ったこと（過去）であり，「未完了」の動作というのは発話現在から見れば現在または未来に属するものです。そして人間の発話は多くの場合，発話現在を基準

にして行われるものです。ここから"了"は過去を表すといった誤解が生まれます。次の文では"了"が使われていますが、未来に属する動作です。

你做完了功课，我才让你玩去。Nǐ zuòwánle gōngkè, wǒ cái ràng nǐ wánrqu.（勉強をすませたら遊びに行かせてあげる。）

中国語には英語のような過去時制 *past tense* がありません。そういう文法的な、整ったしくみなしで十分「時」を理解させている、考えようによっては大変能率的な言語なのです。

69 テンスとは？ アスペクトとは？

Q 中国語の教科書に、よく、テンス、アスペクトということばが出てきますが、なんのことですか。

A ごく大まかにいって、ある動作や出来事が発話時現在を基準にしていつ起こるのか、起こったのか、つまり時間軸の過去・現在・未来のどこに属するのかを問題にするのがテンス（時制）であって、ある時点においてある動作や出来事がどの段階にあるのか。つまり進行中なのか、完了しているのか、あるいはまだ実現していないのかなどを問題にするのがアスペクト（体・相）であるといえます。これだけでは、言語学的にはなお多くの問題がありますし、中国語はアスペクト表現に関して、"-了" le，"-着" zhe，"-过" guo，"-起来" qǐlai，"-完" wán などさまざまなものが用意されていて、これらを的確に使うことはかなり中国語を勉強した人にとってもむずかしいことです。

まぎらわしい語彙と語法　151

ただ，アスペクトも，完了（〜してしまった），経験（〜したことがある）など，時間といくぶんかかわる表現ですので，まぎれやすいのですが，テンスとアスペクトは全く違った概念であることは心得ておかなければなりません。

70 "多" duō の文法

Q "多"は形容詞なのに，他の形容詞とは違い，連体修飾語になって"多书" duō shū とか"多的书"と言わないのはどうしてですか。

A たしかに"好书" hǎo shū, "新书" xīn shū とか"白的纸" bái de zhǐ（白い紙），"新的书"（新しい本）のように言いますが，"多" duō や"少" shǎo の場合は，

　　×多书　　×多的书　　×少纸　　×少的纸

のように用いることができません。

言語現象の中には，ある言語だけに見られる個別的現象と，かなりの言語にわたって観察される普遍的現象とがあります。"多"や"少"の特異性は日本語や英語においても見られます。例えば英語の *many* も，他の形容詞と違い，

　　× *My books are many.*

と述語になることができません。日本語の「多い」も，

　　　よい本　　　　×多い本
　　×よくの本　　　　多くの本
　　　一番よい本　　　一番多い本

のように,「よい」のような一般の形容詞とは違った振舞いをします。「多い本」が言えず「多くの本」がOKということは,「二冊の本」という言い方と似て,「多く」はまるで数量詞的です。また「多くをのぞむ」のように目的語として用いられます。このような現象は「少ない」「遠い」「近い」などにもみられます。

　　私は遠い学校へ通っています

と「遠い」を普通の名詞の連体修飾語にするとおかしな日本語になります（「彼は遠い国からやって来た」のように修飾される名詞によっては自然な文になるなど,「遠い」は「多い」より制限がゆるい）。また「多く」と同様「遠く」はそのままで目的語になれます（「遠くを見る」）。

　そこで「多い・少ない・遠い・近い」などと,「よい・白い」などの形容詞の違いを考えてみますと,意味的に見て「多い」グループは,ある事物それだけでは,「多い」とか「遠い」といった事態が成立しないということに気がつくはずです。「よい本」というのは「本」そのものの性質（内容や装丁）が「よい」のですが,「多い本」と言えたとしても,「本」そのものが「多い」のではないわけで,「本」がたくさん集まって「多い」ということになるわけです。つまり,「多い」とか「遠い」というのは,ものそのものの属性ではないということです。「白い花」における「白い」が「花」の属性を規定しているのとは大いに異なります。

　逆に,「多い」が被修飾語の属性を表しているような例を捜してくれば,「多い」はそのままで連体修飾語になれるはずです。例えば「多いクラスでは学生が60人いる」という文では,「多い」は「クラス」そのものの属性であるといえるので,この文はきわめて自然な日本語となります（「多くのクラスでは学生が60

人もいる」と比べてください)。また「多い」グループの文法的特異性は、構成メンバーの意味的相対性とでもいうべき性格によって来たるものですから、「とても」や「一番」のような修飾語をつけて相対性を弱くしてやれば、普通の形容詞に近づくというわけです。以上のことを中国語にあてはめて一般の形容詞と比べてみましょう(＊は非文法的、？は不自然な表現であることを示す)。

〈修飾語〉

　好　书　　　　＊多　书
　好的书　　　　＊多的书
＊很 好 书　　　＊很 多 书
　很好的书　　　很多的书

〈目的語〉

　＊买了很好　　　　　　　　买了很多(たくさん買った)
　买了很好的（いいのを買った）　？买了很多的

日本語と全く並行していることに気がつかれるでしょう。ただ日本語では数量詞が名詞を修飾する場合「三冊の本」のように「の」が必要で、形容詞が名詞を修飾する場合「の」が間に入らないのに対して、中国語の"的"は逆に数量詞が名詞を修飾する場合不要で、一般の形容詞が名詞を修飾する場合必要とされるので、「の」と"的"の分布は一見したところ正反対になっています。また先にあげた「多いクラスでは学生が60人いる」に対応する中国語は"多的班有六十个学生" duō de bān yǒu liùshí ge xuésheng ということになるでしょう。"很多（的）班有六十个学生"とすると「多くのクラスでは学生が60人いる」ということになるかと思います。"少"の場合も同じようなことですが、日本語では「多くある」に対して「少ししかない」と否定形で言うのが普通です

が，中国語では"有很多人"に対して"很少有人…"のように前へもってきて副詞的にしてしまいます。

71 "我跟他一样高。"

Q テキストに"我跟他一样高。"Wǒ gēn tā yíyàng gāo. という文が出てきて，「私は彼と同じくらいの背丈だ」という訳が付いていますが，「私は彼と同じように背が高い」と訳してはいけませんか。

A 構造としては"跟他一样"が"高"を連用修飾しているようにみえますから，「彼と同じく（背が）高い」つまり「彼と同じように背が高い」と訳したくなる気持ちはよくわかります。しかし，「彼と同じように背が高い」という日本語には「私も彼も背が高い」という含みがありますが，"我跟他一样高。"にはそうした含みはありません。それはただ「私は彼と背の高さが同じだ」ということを言っているにすぎません。背の高い低いにかかわらず"我跟他一样高。"は言えるのです。とすれば「私は彼と同じくらいの背丈だ」という訳のほうが適切です。なお，否定は"我跟他一样不高。"Wǒ gēn tā yíyàng bù gāo. とは言わずに"我跟他不一样高。"と言います。「背の高さが同じだ」ということの否定は「背の高さが同じではない；同様の高さではない」ということですから，"一样高"全体を"不"で否定するわけです。

形容詞の中には，

　"高" gāo（高い）　——　"矮" ǎi（低い）

"大" dà（大きい） ── "小" xiǎo（小さい）

"粗" cū（太い） ── "細" xì（細い）

"宽" kuān（〔幅が〕広い） ── "窄" zhǎi（〔幅が〕狭い）

のように，スケールにおけるプラス方向とマイナス方向の相対的な対立を表す反義ペアがいくつかありますが，そのうちでプラスの語のほう（"高、大、粗、宽"など）はある種のタイプの構造の中に入ると，プラスでもマイナスでもない中立的な意味をになうということがあります。例えば，疑問詞"多" duō（どれほど）の後に用いる場合がそれで，

离这儿不远。Lí zhèr bù yuǎn.（ここから遠くない。）

と教えられて，

多远？（どれくらい？）

と聞くとその"远"には特に「（近くなく）遠い」という意味はありません。それは中立的な意味での「遠さ」，言わば「（どれくらいの）距離？」くらいの意味で用いられているものです。そして，今問題になっている，

X 跟 Y 一样 Adj.

という構造もまたそうした「中立化」タイプの構造の一つです。そこに用いられるプラスの語の"高"や"宽"（例："这条路跟那条路一样宽。" Zhèi tiáo lù gēn nèi tiáo lù yíyàng kuān.〔この道はあの道と同じ広さだ。〕）には特に「（低くなく）高い」とか「（狭くなく）広い」といったプラスの意味は込められていません。それらは，中立的な意味での「高さ」や「広さ」，要するに「丈(たけ)」や「幅(はば)」とでも訳せそうな意味で用いられているのです。

逆に，マイナスのほうの"矮、小、細、窄"などが用いられた場合は，文字通り「低い・小さい・細い・狭い」というマイナス方向の意味がそのまま主張されていますから注意して下さい。つ

まり，"我跟他一样矮。"は「私は彼と同じくらい背が低い」という意味であり，そこには「私も彼も背が低い」という含みがはっきりと込められています。

72 "又…又…"と"也…也…"

Q "又…又…"と"也…也…"は，どちらも「…でもあり…でもある」と訳すと習いましたが，違いはないのですか。

A どちらも事柄・事態・動作などが並存することを表しますが，"又…又…"が一つのこととして表現するのに対して，"也…也…"のほうは単に並存するものを列挙しているにすぎないという点で違います。具体的に言いますと，

　他又唱歌又跳舞。Tā yòu chàng gē yòu tiàowǔ.

　　　　　　　　(彼は歌を歌いダンスをしている。)

は，"唱歌"と"跳舞"がほぼ同時に行われていることを言っているには違いありませんが，「彼が楽しくやっている」ことを具体的な動作で表現しているのです。ですから「彼女がやり手である」ということを表すためには，

　她又会写字又会算。Tā yòu huì xiě zì yòu huì suàn.

　　　　　　　　(彼女は字も書けるし計算もできる。)

のように言ったりします。これを"她也会写字也会算。"と言いますと，これは単に「彼女は字が書け計算ができる」という個別的な特技を列挙しただけですから，「だからどうなんだ?」なんて

ことになります。言葉を換えれば,"她又会写字又会算。"はそれで完結した表現ですが,"她也会写字也会算。"は言い切りの感じがせず,あとに,"可是她不会做衣服" kěshì tā bú huì zuò yīfu(だけど裁縫はダメなんだ)のような表現が続かないと落着きません。

73 同じ「きれい」でも

Q "干净" gānjìng,"好看" hǎokàn,"漂亮" piàoliang の違いについて教えて下さい。

A いずれも「きれいだ」という意味を共有する形容詞ですが,文法的にも意味的にもかなり違った側面があります。まず文法的には,"干净、漂亮"が"干干净净、漂漂亮亮"というかさね型をもつのに対して,"好看"はもともと"好走" hǎozǒu(歩きやすい)のように「…しやすい」という意味の"好"が"看"(見る)にかぶさったものですから,"好好看看"というかさね型はつくれません。また"好看"は"很不好看" hěn bù hǎokàn(とてもみにくい)のように"很不～"の後に自然に使われるのに対して,"干净、漂亮"はかなり情況を設定しないと,"很不～"の後には用いられません。

意味的に見ると,"干净"が「清潔な美しさ」を言うという点で他二者とは大きく異なっています。そこから「こざっぱりしている」となり,「ごはんをきれいさっぱりとたいらげる」の「きれいさっぱりとしている」といった使われ方もします。言ってみれば,誰でも風呂にはいりさえすれば"干净"になれる訳で

が，"漂亮、好看"になれるとは限りません。"漂亮、好看"はやはり形のよさが必要条件になってきます。人間の美しさを言う場合，"漂亮、好看"はともに使えるのですが，それ以外では"漂亮"が「風景・衣服・言葉・テクニック」など言わばうわべの美しさを言うのに対して，"好看"は"那部电影很好看。"Nèi bù diànyǐng hěn hǎokàn.（あの映画はとてもよかった。）や"怎么了？你的脸色不好看。"Zěnme le ? Nǐ de liǎnsè bù hǎokàn.（どうしたの？顔色が悪いじゃない。）のように内容に踏み込むことができるという点で違いが見られます。

話はもどりますが，人間のとりわけ女性の美しさを形容する言葉として"好看、漂亮"はよく使われるのですが，中国人の妙齢の女性に"漂亮"と言われたほうがうれしいか，"好看"と言われたほうがうれしいかたずねてみたところ，全員"漂亮"のほうがうれしいという答えでした。やはり"漂亮"は見た目のよさに表現の重点があるのでしょう。さらに，センスのよさ，スマートさ，若さといったニュアンスを感じ取っているようです。人によっては"漂亮"のほうが"好看"よりランクが上だと言います。

最近の流行語としては，広東語から入った"靓"liàng が若い女性の美しさに用いられ，可愛い娘のことを"靓妹"liàngmèi と言ったりするようです。また台湾国語の"妹妹"の発音を擬した"美眉"měiméi が若い女の子のことを，時には可愛い女の子のことを指すのに用いられています。香港や台湾で用いられている表現が流行語になるなんて一昔前には考えられもしなかったことです。

74 "很"の話

Q 倉石武四郎著『岩波中国語辞典』の"很"hěnの項の三番目の説明に,「(それほど強くなくて)修飾される語が一音節であるとき軽くその上に加わって語調をととのえる」とあり,「"今天天气很好。"＝今日はいいお天気です。」という例が挙げられています。この例を「今日はとてもいいお天気です」と読んではいけないのですか。

A 倉石先生のような達人の言葉にはそれなりに深い味わいがあり珍重すべきものですが,その一方で時として人を煙に巻くという欠点も否めません。達人には名人で対抗しましょう。

　朱自清という名文家に〈很好〉hěn hǎoという,中国人の言語生活における"很好","真好"zhēn hǎoの泛濫を心理学的,言語学的両側面から解明したエッセイ（1939年撰）があります。言語学的側面のみならず,心理学的側面からの分析まで必要なのは"好"という語の特殊性がしからしめるもので,他の形容詞にまで敷衍することはできませんが,朱自清の"很好","真好"に対する言語学的分析は,他の形容詞にもそのまま適用できます。朱自清は,中国語において「とても」や「非常に」や「本当に」などが多用されることの言語的要因は,形容詞（一音節,二音節を問わない）が裸のままで平叙文の述語として用いられると,どうしても他と比較するニュアンスが強く出て来るからだと指摘します。そこで"很"や"真"を加えると,他と比べてどうかではなく,程度の深浅のほうに焦点があたりますから,「他との比較」

というニュアンスを消すことができるのです。

例えば，部屋の中にいて"屋子里很暖和／真暖和。"Wūzili hěn nuǎnhuo／zhēn nuǎnhuo.と言えば，それは単に部屋の中が暖かいことを言ったに過ぎませんが，"屋子里暖和。"は"外面冷。"Wàimiàn lěng.を同時に意味します。同様に，"这朵花儿好看。"Zhèi duǒ huār hǎokàn.は"这朵花儿比别的花儿好看。"Zhèi duǒ huār bǐ biéde huār hǎokàn.と読まれるのです。欧米の学者が中国語の裸のままの形容詞をしばしば「比較級」と呼ぶのは，今ここに述べた現象を指して言っています。

辞書や教材などが，程度副詞の中でも特に"很"にのみ注目するのは，使用頻度の高さと，発音に強弱二通りあるという事情が介在しています。ご質問の例文は弱く読む，比較のニュアンスを消すための"很"の例です。したがって特に訳出する必要もないわけです。しかし次の二例における"很"は強く読む"很"であり，「非常に；とても」の意味です。

・沈湘：说实话，你对她印象怎么样？ Shuō shíhuà, nǐ duì tā yìnxiàng zěnmeyàng?

　　（本当のところ，兄さん，彼女の印象はどうなの?)

・沈子良：挺好! Tǐng hǎo!（なかなか良いよ）

・沈湘：是挺好还是很好? Shì tǐng hǎo háishi hěn hǎo?

　　（なかなかよろしいなの，それとも非常に良いの?）

・沈子良：嗯——是很好。Ng —— shì hěn hǎo.

　　（うん——非常に良い。）　　　　　（田芬、钱曼兰《她》）

・"你知道不知道，小杓很信任你。""我也一样，觉得她不错。" "不是'不错'，是很好!"他严厉地纠正着我的字眼儿。"Nǐ zhīdao bù zhīdao, Xiǎo-Sháo hěn xìnrèn nǐ." "Wǒ yě yíyàng, juéde tā búcuò." "Bú shi 'búcuò', shì hěn hǎo!" Tā yánlìde jiūzhèngzhe wǒ de zìyǎnr.（「小朸は君をとても信頼している，そのことがわかっているのか？」「僕も同じだ，彼女は良い娘だ。」「『良い』ではない，『とても良い』だ！」彼は厳しく私の表現を訂正した。）　　　　　　　　（陆天明《第七个黑铁门》）

75 ミステイクには"把"を

Q 会話の時間に私が"＊我做少了饭。"Wǒ zuòshǎole fàn.（食事の用意が少なすぎた。）と言うと，中国人の先生は"我把饭做少了。"Wǒ bǎ fàn zuòshǎo le. となおされました。なぜそうなおすのか一応説明しては下さったのですが，よくわかりませんでした。

A 北京語言大学で外国人に中国語を教えている先生から聞いた話ですが，前置詞の"把"と助詞の"了"は中国語を勉強する外国人を悩ませる双璧なのだそうです。"了"に関しても"把"に関しても，研究論文はたくさん書かれているのですが，まだ中国語教育に役立つほどこなれてはいないということなのでしょう。

　ご質問の現象は一言で言えば，予期せぬミスを責める場合には"把"を用いなさいということです。この点は次の二文を比較してみると非常にはっきりします。

(1)"杯子呢？""我把它摔了。""Bēizi ne？""Wǒ bǎ tā shuāi le."（「コップはどこへいった？」「私がこわしてしまった。」）
(2)"杯子呢？""我摔了。""Bēizi ne？""Wǒ shuāi le."

(「コップはどこへいった?」「私がたたき割った。」)

(1)の"把"を使った表現には(2)にはない自責の念が読み取れます。この典型が次のような例です。

(3)他去年又把老伴儿死了。Tā qùnián yòu bǎ lǎobànr sǐ le.
(彼は去年またつれあいを死なせてしまった。)

(4)你怎么把特务跑了？Nǐ zěnme bǎ tèwu pǎo le?
(どうしてスパイを逃がしたりしたのだ。)

これは、やるべきことをちゃんとやっておけば事態の発生は防ぎえたのではないかという心理が生んだ，無為無策をとがめる表現です。中国語学では"把"を使った表現を伝統的に"処置式"chǔzhìshì（処置構文）と呼んでいますが，無為無策によってある事態を引き起こしてしまった，そういう理解ですね。当然のことながら，望ましくない事態の発生を言うことになります。「ミステイクを責めるには"把"を」をお忘れなく。

76 "早来"と"来早"

Q 「早く来る」は"早来" zǎo lái とするのでしょうか。それとも"来早"というのでしょうか。また，次の二つの文はどういう意味の違いがありますか。

1) 我早来了十分钟。Wǒ zǎo láile shí fēn zhōng.
2) 我来早了十分钟。Wǒ láizǎole shí fēn zhōng.

A まず，1)と2)の違いからお答えします。
　　1) 10分早く来た。(客観的／意図的)

2) 10分早く来てしまった。（後悔の気持ち）

上の訳からおわかりのように，1)の"早来"は客観的に「10分早く来た」という意味，あるいは「10分早めに来た」という意図的な意味があります。ところが2)の"来早"は後悔のムードがあり，「しまった」という気持ちが表されています。

「後悔のムード」を示す"来早"は，多く既に過ぎ去ったこと，すなわち已然の事態に対して用いられ，これから先のこと，例えば命令文などには使われません。ですから，「10分早く来なさい」というときには，3)のように意図的な意味を表すことができる"早来"を使い，4)のようにはいいません。

3) ○早来十分钟。

4) ×来早十分钟。

"早"の反意語"晚"wǎnの場合も同様です。もし，あなたが人との約束に遅れて着いたとき，

5) 我晚来了。（おそめに来ました。）

6) 我来晚了。（おくれてしまった。）

5)のように"晚来"を使えば，わざと遅れて来たようで，「すみません」という気持ちは表せません。6)のように"来晚"を使うべきです。なお，次のような対比も参考になるでしょう。

7) a. 我早说了。（とっくに言ったよ。）

b. 我说早了。（事前に口をすべらしちゃった。）

8) a. 烟，我早戒了。（たばこは，とっくにやめた。）

b. 烟，我戒早了。（〔たばこは〕まだやめるんじゃなかった！）

77 「きみのはどれ？」

Q 「きみのカバンはどれ？」といったような質問をする時，テキストなどにはよく"哪个（提包）是你的？" Něi ge (tíbāo) shì nǐ de？という言い方が出てきますが，"你的(提包)是哪个？"のような言い方はできないのでしょうか。

A 中国社会科学院語言研究所長であった故呂叔湘氏は，"谁是张老三？" Shéi shì Zhāng Lǎosān？と"张老三是谁？"の違いについて簡単な説明をされています。氏によると，例えば"张老三"なる人物が会場内にいることはわかっているが，どの人物がそれかわからない。そこで，隣りの人に「どれ（だれ）が張老三だい？」と尋ねる，そういう場合は"谁是张老三？"と言って，"张老三是谁？"とは言わない。"张老三是谁？"という質問の仕方は，話題に上った"张老三"なる人物が，どこの誰のこと（"怎么个人" zěnme ge rén）なのか——相手の同僚のことなのか，隣人なのか，どこかの教師なのか，運転手なのか……——認識できない，といった場合に用いる，ということです。つまり，その場にいる何人かの内で問題の人物がどの人物かを「指示」してほしい場合には"谁是××？"の形を使い，"××是谁？"の形は，問題の人物がいかなる人物かを「説明」してほしい場合に使うということです。

さて，ご質問の例では，人間ではなくてモノが問題になっていますが，情況としては，どのカバンかを「指示」してほしいというもので，"谁是××"の形が用いられるケースと同類ですから，やはり疑問詞（句）を主語に用いた"哪个（提包）是你的？"

のほうが"你的（提包）是哪个？"より適切だということになります。もっとも，しばらく捜してみたけれど見つからないというような時には"你的(究竟)是哪个？"（きみのは〔一体〕どれなの?)などと言ったりもするようですから，その語順が文法に反しているということではありません。

ところで，"谁"に対応する敬語に"哪一位"nǎ yí wèi（どなた）があります。指示詞の"哪"から成ってはいますが，"谁"と同様，"哪一位是李明先生？" Nǎ yí wèi shì Lǐ Míng xiānsheng？（どなたが李明さん?)のように「指示」を求めて用いることも，"李明先生是哪一位？"(李明さんってどこのどなた?)のように「説明」を求めて用いることもできます。電話の相手に"你是哪一位？"と誰何するのは無論後者の用法ですね。この場合は"哪一位是你？"という尋ね方はあり得ません。

78 中国語版 *a girls' school*

Q 英語には「*a girls' school*」のように，複数の-sと所有の 's が連続した場合，-s's→-s' となってしまう現象がありますが，中国語にも同じような現象がありますか。

A こういう現象を中国語では"同字同音省略"tóng zì tóng yīn shěnglüè と呼び，何種類かあります。よく見られるものをいくつか選んで紹介してみましょう。

 1) -的的 ⟶ -的

  ⑴我踩了一个女的脚后跟。Wǒ cǎile yí ge nǚ de jiǎohòugēn.

(私は一人の女のかかとを踏んづけた。)

中国語の"女"は日本語の「女」と違い，単独で名詞として用いることができません。"女的" nǚde，"女人" nǚrén，"女同志" nǚtóngzhì，"妇女" fùnǚ などとして初めて，女性を表す一人前の単語としての資格を得ます。そこで(1)は本来ならば"一个女的的脚后跟"となるところです。

(2)这些事瞒不过做母亲的眼睛。Zhèi xiē shì mánbuguò zuò mǔqīn de yǎnjing. (これらの事は母親の目をごまかすことができない。)

"做母亲的"で「母親たる者」の意味ですから，「母親たる者の目」とするには本来なら"做母亲的的眼睛"となります。下例(3)は同じような例ですが，"同字同音省略"が起こらなかった例です。

(3)你们都不爱写信！就不想想当老的的心里多惦记！ Nǐmen dōu bú ài xiě xìn ! Jiù bù xiǎngxiang dāng lǎo de de xīnli duō diànjì !(お前たちはどいつもこいつも筆不精だ。年寄りが心中どんなに心配しているか考えてみようともしない。)

(胡可《槐树庄》)

(4)把她管得紧紧的王教练 bǎ tā guǎnde jǐnjǐnde Wáng jiàoliàn (彼女をしっかりと監督している王コーチ)

(4)を文形式に書き換えれば，"王教练把她管得紧紧的。"となります。"紧紧的"の"的"は形容詞語尾の"的"です。"*把她管得紧紧( )"という中国語は成立しません。そこで"把她管得紧紧的"を"王教练"の連体修飾語とするには，本来なら"把她管得紧紧的的王教练"となるべきところです。

(5)说金发的女人都是愚蠢的男人 shuō jīnfà de nǚrén dōu shì yúchǔn de nánrén (金髪の女はみんなバカだと言う男)

「金髪の女はみんなバカだと言う」で"说金发的女人都是愚蠢

的"となります。末尾の"的"は"是"に呼応して存在しています。そこで"说金发的女人都是愚蠢的"を"男人"の連体修飾語とするには,本来なら"说金发的女人都是愚蠢的的男人"となります。

2) -得得 ⟶ -得

「おぼえている」が"记得" jìde ですから,「はっきりおぼえている」なら"-得"で程度補語を導き,理屈の上では"记得得很清楚" jìdede hěn qīngchu となるはずですが,実際には"记得很清楚"としか言いません。下例(6)は"懂得得很透彻 ⟶ 懂得很透彻"の例です。

(6) 一个人如果不懂得一种外国语，那么他对本国语也不会懂得很透彻。Yí ge rén rúguǒ bù dǒngde yì zhǒng wàiguóyǔ, nàme tā duì běnguóyǔ yě bú huì dǒngde hěn tòuchè. (もし外国語を知らなければ，自国の言葉に対しても透徹した理解は得られない。)

3) その他

ほかには次のような"同字同音省略"がしばしば紹介されます。

(7) 从来没有有过的事情 ⟶ 从来没有过的事情 cónglái méiyǒuguo de shìqing (かつてなかった事)

(8) 他是学生？还是是老师？ ⟶ 他是学生？还是老师？ Tā shì xuésheng? Hái shì lǎoshī? (彼は学生か，先生か)

(9) 妈妈正在在院子里晒衣服。 ⟶ 妈妈正在院子里晒衣服。 Māma zhèngzài yuànzili shài yīfu. (おかあさんは今庭で洗濯物を干している。)

(10) 你怎么了了？ ⟶ 你怎么了？ Nǐ zěnme le? (どうしたの？)

79 r化ってなに？

Q 同じ "馆" guǎn でも、大衆食堂の場合は "饭馆儿" fànguǎnr と r 化し、写真館の場合は r 化せず "照像馆" zhàoxiàngguǎn と言うと教わりました。この r 化という現象について少し詳しく知りたいのですが。

A r 化の音声的側面については辞書や教材にたいてい解説がありますので省き、ここでは r 化の意味的側面についてお話します。以下 "X 儿" で r 化された語を表し、"X 儿" と平行して "X" あるいは "X 子" が独立した単語として存在するものに限り述べることにします。

(a) "X 儿" は "X" "X 子" に比べ「小・少・細・軽・賤」というニュアンスを伴う。

- 小猫儿 xiǎomāor〔"大猫、老猫" は r 化できない〕
- 绳儿 shéngr〔"绳子" に比べ細い〕
- 您可慢慢儿地走。Nín kě mànmānrde zǒu.〔"慢慢地走" とすると平板で重い感じになる〕
- 饭馆儿〔"馆" が r 化するのは飲食業に限られ、"博物馆" bówùguǎn, "体育馆" tǐyùguǎn, "使馆" shǐguǎn などは r 化しない〕
- 光棍儿 guānggùnr（やもめ）・小偷儿 xiǎotōur（こそどろ）・小老婆儿 xiǎolǎopor〔妾。正妻は r 化せず "大老婆" dàlǎopo と言う〕

(b) "X 儿" は "X" "X 子" に比べ "喜爱" xǐ'ài（好ましく思う）の感情を伴う。

- 老头儿 lǎotóur・老婆儿 lǎopór・小孩儿 xiǎoháir〔老人子供を親愛の情をこめて言う。嫌悪して言う場合は"老头子、老婆子、小孩子"となる。ただし，嫌悪していなくても「うちのばあさん；うちの旦那」などと身内の者を呼ぶときは"老婆子、老头子"を用いる〕
- 这风凉嗖儿的，真舒服。Zhèi fēng liángsōurde, zhēn shūfu. (この風ヒンヤリと涼しく，本当に気持がいい。)〔風邪をひきそうなヒヤッと冷たい風の場合はr化しない〕

(c) "Xル"は"X子"に比べ比喩的意味をもちにくい。
- "眼珠儿" yǎnzhūr は「眼球」の意味しかもたないが，"眼珠子"は同時に「目の中に入れても痛くない人」にもなる。
- "药罐儿" yàoguànr は「漢方薬を煎じる容器」の意味しかもたないが，"药罐子"は同時に「しょっちゅう病気をし，薬ばかり飲んでいる人」にもなる。

(d) "X"と"Xル"とではしばしば意味が違ってくる。

　　　头 tóu（頭）　　　　～ 头儿（端；親分）
　　　信 xìn（手紙）　　　～ 信儿（知らせ）
　　　眼 yǎn（目）　　　　～ 眼儿（小さな穴）
　　　面 miàn（小麦粉）　 ～ 面儿（粉末）
　　　这 zhè（これ）　　　～ 这儿（ここ）

(e) "X"と"Xル"の間で品詞の転換が見られる。

　　　画 huà（描く）　　　　～ 画儿（絵）
　　　盖 gài（フタをする）　 ～ 盖儿（フタ）
　　　尖 jiān（とがっている）～ 尖儿（尖端）
　　　亮 liàng（明るい）　　 ～ 亮儿（明かり）

以上"Xル"と"X""X子"を比較しながら"Xル"の特徴をごく簡単に紹介しましたが，r化は非常に複雑な現象です。でき

るだけ機会を把えて,中国人(できれば北京人。南方の人は"普通话"でr化するところでもしない場合が多い)とr化を肴に会話を楽しんでください。

> 補:r化の"儿"も,本書中では"健儿、婴儿、幸运儿、混血儿"などの"儿"érと同じ大きさの文字を用いていますが《现代汉语词典》などでは,少し小さめの活字を用いて,「児」の意味の"儿"と区別しています。

【幸运】xìngyùn ❶好的运气;出乎意料的好机会:但愿~能够降临到他的头上。❷称心如意;运气好:买彩券得了头等奖,真是~。
【幸运儿】xìngyùn'ér 幸运的人。
【幸灾乐祸】xìng zāi lè huò 别人遭到灾祸时自己心里高兴。
性 xìng ❶性格:个~|天~|耐~。❷物质所具有的性能;物质因含有某种成分而产生的性质:黏~|弹~|药~|碱~|油~。❸在思想、感情等方面

【哥们儿】gē·menr ❶弟兄们:他们家~好几个呢。❷用于朋友间,带亲热的口气:他和我是~,俩人好得无话不说。‖ 也说哥儿们(gēr·men)。
【哥儿】gēr ❶弟弟和哥哥(包括本人):你们~几个? | ~俩都是运动员。❷称有钱人家的男孩子:公子~。
【哥儿们】gēr·men 哥们儿。
【哥萨克人】Gēsàkèrén 俄罗斯人的一部分,主要散居在顿河、库班河一带。[哥萨克,俄 казак]

《现代汉语词典》 左:「児」の意味の"儿"／右:r化の"儿"

(80％縮小)

8 ことば遊び

80 タケヤブ　ヤケタ――回文

Q 「タケヤブヤケタ」とか「ワタシモシタワ」というような回文あそびは中国にもありますか。

A ありますが，中国で"回文" huíwén といった場合は，漢詩の一形式で，碁盤の目のようにぎっしり詩を書き，これを縦横に読んでも，あるいは中心から外へまわりながら読んでも詩になるように作られたものを指します。また単に，逆から読んでも意味の通じる詩になっている場合も"回文"といいます。宋代の蘇東坡など好んで回文詩をものしたといいます。

ご質問のように，前から読んでも後から読んでも全く同じという回文は，これまであまり作られておりません。偶然，ある新聞紙上で，次のような文句を見つけましたが，これがご質問の「回文」に相当しましょう。

　上海自来水来自海上　Shànghǎi zìláishuǐ láizì hǎishàng
　　　　　　　（上海の水道の水は海上より来たる）

その新聞は，この句と対になる句を広く読者から募集しておりました。つまり，これを上の句として，構成が全く同じであるよ

うな下の句を作れというわけです。その入選作を二,三披露しておきましょう。

　中国出人才人出国中 Zhōngguó chū réncái rén chū guó zhōng
　　　　　　（中国は人材を出し,人は国中より輩出す）
　山东落花生花落东山 Shāndōng luòhuāshēng huā luò dōngshān
　　　　　　（山東の落花生は,その花東山に落つ）
　黄山落叶松叶落山黄 Huángshān luòyèsōng yè luò shān huáng
　　　　　　（黄山のカラマツ,葉落ちて山色づく）

いずれも回文になっていますが,対句にする必要上,"上海"という地名に対し,入選作はその出だしが,"中国""山东""黄山"と地名になっています。ところが,これだけでは不十分で,次は選から漏れたものですが,

　本日去东京东去日本 běnrì qù Dōngjīng dōng qù Rìběn
　　　　　　（本日東京へ行く,東の方日本へ行く）

なかなかよい出来ばえに思えますが,"本日"が地名でないほか,"本日"běnrì の"本"běn が仄声で,"上海"Shànghǎi の"上"shàng と同じ仄声なため,平仄が合わずにダメとの評。ことば遊びも厳しいものです。

日本の回文あそびと異なる点は,日本では「新聞紙」は,シンブンシで,後から読んでもシンブンシ。ところが中国語では,これは"纸闻新"となって回文となりません。逆に「山本山」は日本ではヤマモトヤマ,ひっくり返してマヤトモマヤでダメですが,中国語でならOKです。つまり,どちらもそれぞれのことばの音節を単位としているわけです。

81 謎の国の「なぞなぞ」

Q 中国にも「なぞなぞ」があるそうですが，どういう形をしているのですか。いくつか具体例を紹介して下さい。

A 中国はことばの国，文字の国ともいわれるように，ことば遊びが盛んです。その代表格である「なぞなぞ」は，それを紹介しようとすれば何冊もの本になるぐらい豊富でバラエティーに富んでいます。なぞなぞを"谜语" míyǔ といいますが，何しろ小学校の国語の本にも登場するぐらいです。

　远　看　山　有　色，　　遠く見れば山に色有り，
　Yuǎn kàn shān yǒu sè,

　近　听　水　无　声，　　近く聴けば水に音無し，
　jìn tīng shuǐ wú shēng,

　春　去　花　还　在，　　春去りて花なお在り，
　chūn qù huā hái zài,

　人　来　鸟　不　惊。　　人来りて鳥驚かず。
　rén lái niǎo bù jīng.

いかがですか。小学校1年生の教科書に見える，堂々たる五言絶句です。これが「なぞなぞ」ですから恐れ入ります。答えは，"画" huà，すなわち絵です。絵というと私たち日本人は額ブチに入ったものを想い浮かべますが，中国人は"画"と聞けばまず伝統的な山水画をイメージします。この"谜语"も，山あり川あり，鳥がいて花が咲き，花のそばに仙人のような人が佇んでいる，そんな一幅の山水画をほうふつとさせます。

　もっと肩のこらないものを出しましょう。

千根线，万根线，　　千本の糸，万本の糸，
Qiān gēn xiàn, wàn gēn xiàn,

落在　河里　看不见。　河に落ちて見えなくなる。
luòzài　héli　kànbujiàn.

これは何でしょう。そう，"雨" yǔ ですね。中国人はよく雨を「糸」や「珠子」というイメージで喩えに使います。比喩といえば，次のような"谜语"もあります。これは四つ答えを当てさせるもの。一句がそれぞれ一問です。

天　麻子，地　馒头，　天のアバタ，地のマントウ，
Tiān mázi,　dì mántou,

河　扁担，水　骨头。　河のテンビン棒，水のホネ。
hé biǎndan, shuǐ gǔtou.

「天のアバタ」は星，「地のマントウ」は墓。ちょっとペーソスがあります。「河のテンビン棒」とは橋のこと。そして「水のホネ」とは氷です。この「なぞなぞ」を初めて見たとき，そうか，氷とは水のホネか，としばし感心したものです。

"谜语"は口調がよく韻を踏んでいますから，すべて朗読に適しています。次のものも声を出して読んでみて下さい。答えのヒント——体の一部です。

希奇　古怪，　フシギフシギ，
Xīqí　gǔguài,

古怪　希奇，　マカフシギ，
gǔguài　xīqí,

前面　脊背，　前が背中で，
qiánmiàn jǐbèi,

后面　肚皮。　後ろがおなか。
hòumiàn dùpí.

さて，何でしょう。"小腿"xiǎotuǐ（すね）が答え。いわれてみれば合点がゆきますが，発想が私たちと違います。盲点をつかれた快感が残ります。

以上は，なぞなぞの中でも"物谜"wùmíと呼ばれ，主に物の名前を当てるものですが，中国にはもう一つ"字谜"zìmíという，漢字当てなぞなぞがあります。これが難しくて面白い。となれば字謎マニアも出ようというものです。

身近な例でウォーミングアップ。"九十九"で一字を当てよ，とくれば答えは"白"bái。「白寿」(99歳)の発想です。"八十八"なら"米"mǐの字。"一加一不等二"yī jiā yī bù děng èr（一たす一は二ではない）とくれば"王"wángの字，"一减一不是零"yī jiǎn yī bú shì líng（一ひく一は零でない）なら"三"sān，いずれも＋－の符号を利用するといった塩梅です。こんな調子で実例をどうぞ。

　画　时　圆，　　　描くとまるくて，
　Huà　shí　yuán,

　写　时　方，　　　書くと四角，
　xiě　shí　fāng,

　寒　时　短，　　　寒けりゃ短く，
　hán　shí　duǎn,

　暑　时　长。　　　暑けりゃ長い。
　shǔ　shí　cháng.

これはやさしい部類で，答えは"日"rì。こんな"字谜"を解くと"画"が*draw*で"写"が*write*，"方"が「四角」で，正方形や長方形の「方」はこれだったのかと，いっぺんに覚えられます。次はやや難問。

一　大　一　小，　　ひとつは大きく，ひとつは小さい，
yí　dà　yì　xiǎo,

一　跑　一　跳，　　ひとつは駆けて，ひとつは跳ねる，
yì　pǎo　yí　tiào,

一　个　食　人。　　ひとつは人を食い，
yí　ge　shí　rén,

一　个　吃　草。　　ひとつは草を食む。
yí　ge　chī　cǎo.

これは"骚"sāoの字が答え。"马"mǎと"蚤"zǎoに分けてとらえています。"字谜"はそっけないのが難しい。

　十一点进厂。Shíyī diǎn jìn chǎng.（11時に工場に入る。）
答えは"压"yā。"十一点"を11時と解釈しては解けません。"压"の字を見ると"厂"（工場）の中に，"十、一、点（丶）"が入っています。"十一点"をメタ言語的にとらえなければなりません。次も同じ趣好。

　牛过独木桥。Niú guò dúmùqiáo.（牛が一本橋を渡る。）
答えは"生"shēng。「生」の字はなるほど「牛」が「一本橋」の上にいます。あと二つほど"字谜"を挙げておきます。［　］内が答えです。理由をご自分で考えてみて下さい。

　无它就买，有它就卖。Wú tā jiù mǎi, yǒu tā jiù mài.［十］
　六十不足，八十有余。Liùshí bù zú, bāshí yǒu yú.［平］

なぞなぞの本は中国からたくさんでています。やさしそうなものを求めて，一つ一つ考えてゆけば中国語の勉強になるばかりか，中国人の比喩感覚やユーモア，風俗文化までうかがい知ることができ，まさに一石四,五鳥。

82 ナマムギ，ナマゴメ——早口ことば

Q ことば遊びに興味をもっていますが，中国にも早口ことばのようなものがありますか。

A 早口ことばは中国語では"绕口令"ràokǒulìng といいます。中国でも幼稚園の子供たちや小学生が楽しそうに早口ことばを唱えて遊びます。リズミカルに，発音を明瞭に，すばやく唱えなければならないというのはどこの国でも同じです。うまくいえたら感心され，間違ってもムジャキな大笑いで済みます。

中国語の勉強を始めた第一日目，声調とは何かを習われましたね。そのとき，こんな文句を唱えませんでしたか。

　妈妈　骑　马，　　お母さんが馬に乗る，
　Māma　qí　mǎ,

　　马　慢，　　　　馬がのろいので，
　　mǎ　màn,

　妈妈　骂　马。　　お母さんは馬を叱った。
　māma　mà　mǎ.

これも実は早口ことばなのです。声調を覚えるのにピッタリなことから，日本の中国語教室にはなくてはならぬ一句となりました。この句の後半をご存知ですか。

　妞妞　轰　牛，　　女の子が牛を追いたてる，
　Niūniu　hōng　niú,

　　牛　拗，　　　　牛が意固地なので，
　　niú　niù,

妞妞　拧　牛。　女の子は牛をつねった。
niūniu　níng　niú.

よくわからないナンセンスなところがたまりません。これがうまくできた人は少し難度の高いものをどうぞ。

吃　葡萄　的　吐　葡萄皮儿,
Chī pútao de tǔ pútaopír,

不　吃　葡萄　的　不　吐　葡萄皮儿。
bù chī pútao de bù tǔ pútaopír.

何度でも繰り返し言ってみて下さい。「ぶどうを食べた人は皮をはき出し，ぶどうを食べない人は皮をはき出さない」という意味ですが，下手をすると，ぶどうを食べた人が皮を出さなかったり，食べない人が皮を出したり，というようなおかしなことになって，それこそこんがらがってしまいます。

日本の早口ことばでは「お八重やおあやまりなさい」というのは傑作ですが，次にお見せするのはこれといい勝負です。

楼上　吊　刀　刀　倒　吊。　二階から刀が下げてある，
Lóushang diào dāo dāo dào diào. 　刀は逆さに下げてある。

変なものばかりではありません。一幅の風景画のようにきれいなものもあります。

高高　山上　一　根　藤,
Gāogāo shānshàng yì gēn téng,

　　　　　　　　高き山にひともとの藤の木,

藤条　头上　挂　铜铃,
téngtiáo tóushàng guà tónglíng,

　　　　　　藤のこずえには銅の鈴,

风　吹　藤　动　铜铃　动,
fēng chuī téng dòng tónglíng dòng,

　　　　　　　　　　　　風吹けば藤が揺れ鈴が鳴る,

　风　息　藤　定　　铜铃　　停。
　fēng xī téng dìng tónglíng tíng.
　　　　　　　　　　　　風止めば藤が静まり鈴もやむ。

いや,やはりマザーグースのように,こういうのはナンセンスなものに限るという向きに,もう一つ。

　大叔　和　五叔,
　Dàshū hé Wǔshū,

　买了　两　头　小　母猪,
　mǎile liǎng tóu xiǎo mǔzhū,

　一　只　母猪　打呼,
　yì zhī mǔzhū dǎhū,

　一　只　母猪　不　打呼,
　yì zhī mǔzhū bù dǎhū,

　打呼　的　母猪　是　大叔　的　猪,
　dǎhū de mǔzhū shì Dàshū de zhū,

　不　打呼　的　母猪　是　五叔　的　猪。
　bù dǎhū de mǔzhū shì Wǔshū de zhū.

"打呼"とはブタが「イビキをかく」こと。最後に格調高いものをご覧にいれます。何しろあの孔子のことばです。

　知　之　为　知　之,　知っていることは知っているとし,
　Zhī zhī wéi zhī zhī,

　不　知　为　不　知,　知らないことは知らないとする,
　bù zhī wéi bù zhī,

　是　知　也。《论语》　これがつまり知るということだ。
　shì zhì yě.

孔子も早口ことばに興味があったのでしょうか。《绕口令集》

というような本もちらほら出ていますから、興味のある方は、そちらでお楽しみ下さい。

83 中国の駄洒落・軽口——"歇后语"

Q 中国語にも「だじゃれ」や「かけことば」といったもの、例えば「猿の小便——木（気）にかかる」のようなものはありますか。

A これはあるどころの話ではありません、掃いて捨てるほどあります。中国語ではだじゃれと言うか、かけことばと言うか、それを俗には"俏皮话儿"qiàopihuàrと言い、少し難しく言うと"歇后语"xiēhòuyǔ（前半分だけ言って、後半分は言わないことば）と言います。上の例で言えば、「猿の小便」だけ言って、「木（気）にかかる」は言わずもがな、言わないというのが、"歇后语"という言葉の意味です。手許にある《歇后语四千条》という本から少し選んで、いくつかご紹介しましょう。

例えば勝負事の連戦連敗、これを"歇后语"でやると、

孔夫子搬家——尽是书（输）

Kǒngfūzǐ bān jiā —— jìn shì shū（shū）

孔子様のお引越し——本（負けて）ばかり

となります。本（"书"shū）と負ける（"输"shū）が同音であることを利用したもので、「木（気）にかかる」と同類です。「阪神が巨人に負けた、それは当然だ」と言うときには、"书店失火"shūdiàn shī huǒ（本屋が火事だ）と言います。"字燃"zì rán（字

が燃える）と"自然"zìrán（当然のことだ）が同音なのです。

かけことばを解くヒントとして最も一般的なものはやはり意味です。たとえば"寻着和尚卖梳子"xúnzhao héshang mài shūzi（お坊さんを見つけて櫛を売る）とかけて，"不看对象"bú kàn duìxiàng（相手を見ない）と解きます。ツルツル坊主の和尚さんと櫛のミスマッチを利用したものですね。

また，一筋縄ではいかず，人に嫌がられることをするのが好きな人間のことを"属玫瑰的"shǔ méiguide（バラ年生れ）とかけますが，その心は"刺儿不少"cìr bù shǎo（トゲが多い）です。

最初に掲げた例では孔子が登場しましたが,歴史上の人物は"歇后语"のまたとない素材です。蕭何と韓信は漢の高祖劉邦を補佐し天下を取らしめた功臣ですが，あるとき韓信はその千軍万馬を縦横に操る才能を発揮する場所を与えてくれない劉邦を見限り，黙って劉邦のもとを去ろうとしたことがありました。それを連れ戻したのが蕭何です。そこで，

　　蕭何月下追韩信　　Xiāo Hé yuèxià zhuī Hán Xìn
　　　　　　　　　　　　　　　　（蕭何月下に韓信を追う）

とかければ，その心は，

　　爱才 ài cái（才能を愛する）

劉邦との闘いに敗れ，四面楚歌の中，「虞や虞や若を奈何せん」と歌った楚の覇王項羽，この項羽とその愛姫虞美人の別離が"歇后语"に用いられると，"霸王别姬——无可奈何"Bàwáng bié jī —— wú kě nàihé（項羽が虞美人と別れる——いかんともすべなし）となります。

歴史上の人物や文学作品中の登場人物の事跡を利用した"歇后语"は，数の上ではそう多くはありませんが，他の"歇后语"に比べ何とも言えぬ味わいがあり，そこから，歴史や文学のクライ

マックスを中国の人々がどこに見ているか，チラリと垣間見える気がします。

84 中国のしりとり遊び

Q 中国にも「しりとり」遊びがありますか。あればどんな風にやるのか紹介して下さい。

A 日本のように一般的，庶民的で，特に子供が好んでやるというような性質のものはないようですが，"连珠" liánzhū と呼ばれるちょっと高度なしりとり遊びがあります。"相声" xiàngshēng（漫才）などでやってみせることがありますが,四字でできている成語（四字成語）の最後の一字（または音）を拾って，それと同じ字（または音）で始まる四字成語を捜し，次から次へと数珠つなぎに展開してゆくというやり方です。しかも最後にはまた一番最初の四字成語に戻る，そこでめでたしめでたし，というパターンが普通です。例えば，

"恭喜发财" gōngxǐ fā cái（めでたいな大もうけ）
→ "财大气粗" cái dà qì cū（もうかりゃ気持も太くなる）
→ "粗壮有力" cūzhuàng yǒu lì（たくましくて力があって）
→ "力挽狂澜" lì wǎn kuánglán（力を振りしぼって苦しい局面を挽回する）
→ "蓝天比翼" lántiān bǐyì（藍天の比翼の鳥＝夫婦相和し）
→ "异曲同工" yì qǔ tóng gōng（同工異曲）
→ "恭喜发财"

といったぐあいです。一人でやることもあれば複数の人間でつないでゆく場合もあります。"恭喜发财"で始まって縁起のよい成語ばかりでつないでいって最後に"恭喜发财"に戻る。要するに，いかに見事に完成させるかが目的であり，愉しみでもあるわけです。日本のしりとり遊びが，途中で相手が行き詰まったり，うっかり前に言ったことばを繰り返してしまったりするのを笑いながら延々と競い合ってゆく，つまり完結させることよりも，むしろその途中の過程を愉しむことを目的にしているのとは多少趣が異なります。

熟年からの中国語

Q 初老の主婦ですが，今から中国語の勉強を始めたいのですが，中国語は発音がむずかしく，年をとってから始めたのでは物にならないと主人が申します。ほんとうでしょうか。

A 外国語に堪能な作家の司馬遼太郎氏が，ある小説の中で，年をとってからの外国語の勉強は，鶏が空を飛ぶ練習をするようなものだといっております。飛べそうで結局は飛べないという残酷な言葉だとも受け取れますが，しかし逆にいえば飛び上がろうと羽をバタバタさせている鶏は歩いているのではないわけです。私も大学で専門的に中国語の勉強をはじめてから20年になりますが，北京のバスの車掌さんのアナウンスは皆目わかりません。まして夫婦喧嘩の仲裁は望むべくもありません。最近では居直って，そんな必要はないのだ，私は中国人ではないのだとわりきっています。しかし，自分の興味のあることについては，中国の人々と結構話し合えるようになりましたし，中国語の小説を楽しく読んでおります。そういう楽しい実感と絶望を繰り返しているうちに少しずつ進歩してきたようです。

さて，年をとってからの中国語ということですが，多少の困難の伴うことは否めません。しかし，お年を召しても着実にものにしている方はいくらでもおられます。失敗のケースを挙げるとしたら，戦争中などに覚えた中国語が忘れられず，あやふやな基礎のまま勉強されるというような場合かと思います。まず中国語のローマ字（ピンイン）をきちんと覚え，声調のパターンを頭にたたき込むことが肝要です。あやふやな発音では単語の記憶もあやふやになって語彙も増えません。

9

名前あれこれ

85 北京はペイチン,東京はトンチン

Q 中国へ行って,江沢民を「こうたくみん」,胡錦濤を「こきんとう」と言っても通じないそうですが,何故ですか。固有名詞だから通じるのではないですか。

A 日本で江沢民のことを"Jiāng Zémín",胡錦濤のことを"Hú Jǐntāo"と言っても一般には通じないのと同じことです。中国でも日本でも漢字を自国の流儀で読んでいますので,中国語における漢字音と日本語における漢字音に隔たりがある以上,お互いに通じないことになります。韓国では小泉は"コイズミ"と,日本で発音されているように読まれるそうです。日本と中国も今後そのようになることが望まれますが,中国では小泉は"Xiǎoquán"であって,"コイズミ"と言われることはありません(中国の朝鮮族の話す朝鮮語では"コイズミ"と"Xiǎoquán"が混在しているようです)。

同様に,日本の地名,例えば東京を"Tokyô"と言ってもだめで,"Dōngjīng"と言わなければなりませんし,大阪は"Dàbǎn",横浜は"Héngbīn",神戸は"Shénhù"といったぐあいです。

86 私は「ひろみ」——かなを中国語では？

Q 私の名前は「ひろみ」と言います。漢字ではなくて，平仮名なので，中国ではどう発音するのでしょうか。また中国ではどう書くのでしょうか。

A 「ひろみ」「カヨ」など平仮名やカタカナの名前は，一般の中国人は読むことができませんし，当然，発音することもできません。

例えば，日本の大学の中国語を教えるクラスで，出席をとったり，名前を呼ぶときに，少しでも中国語に慣れてもらおうとして，

　　北原麻子同学！ Běiyuán Mázǐ tóngxué！

　　小沼利行同学！ Xiǎozhǎo Lìxíng tóngxué！

などと名前を中国語読みにするときがあります。こんなとき，ハタとつまってしまうのが，「ひろみ」や「カヨ」といった名前です。こういうときは，「ひろみ→広美」「カヨ→加代」とよく使われる漢字に直してから，"广美" Guǎngměi，"加代" Jiādài のようにいいます。

昔，日本の随筆家「森田たま」さんが訪中されたとき，確か中国の新聞には"森田珠" Sēntián Zhū と報道されておりました。そういえば，中国のチビッ子を湧かせたテレビアニメ「鉄腕アトム」は中国名"铁臂阿童木" Tiěbì Ātóngmù と音訳でした。「ともさかりえ」は"友坂理惠" Yǒubǎn Lǐhuì です。変わったところでは，「吉本ばなな」は"吉本香蕉" Jíběn Xiāngjiāo と訳されています。それから西洋人の名前はほとんど音訳です。"牛顿" Niúdùn は牛とは関係なくニュートンのこと，"甘地" Gāndì はガ

ンジーのこと，リンカーンは"林肯"Línkěn です。

87 名前は何文字？

Q 中国人の名前は，みんな毛沢東や鄧小平や江沢民のように姓が一文字で名が二文字なのですか。

A 作家の司馬遼太郎，そのペンネームは，『史記』の作家司馬遷に遼かに及ばず，というところから出たものだそうですが，その司馬遷，実は「司馬」が姓で「遷」が名です。中国にも，このような二文字の姓が，全体からみれば極めて少数ですがあります。"复姓"fùxìng といって，三国志の諸葛孔明の「諸葛」や唐宋八大家の一人欧陽修の「欧陽」などがそれです。昔に限らず現在でも"司马璜"Sīmǎ Huáng とか"欧阳玉荣"Ōuyáng Yùróng など復姓の人が実在します。

名のほうも，確かに毛沢東や鄧小平のように，二文字の人がたくさんいますが，孫文のように「文」という一文字の名の人も少なくありません。古くは李白も杜甫もそうでした。同様のタイプはほかにも"宋红"Sòng Hóng, "马真"Mǎ Zhēn, "陈刚"Chén Gāng, "李荣"Lǐ Róng, "彭华"Péng Huá, "李健"Lǐ Jiàn, "袁燕"Yuán Yàn, など，男女を問わず実例を挙げるには事欠きません。このように，姓も名も一字，すなわち 1-1 型のタイプは，"毛泽东"Máo Zédōng や"邓小平"Dèng Xiǎopíng のように姓が一字で名が二字という 1-2 型のタイプに次いで多いそうです。つまり中国人の名前としてはこの二つのタイプが圧倒的に多く，極少数派と

して"司马璜"のような2-1型や，"欧阳玉荣"のような2-2型もあるということです。そして2-2型の合計四文字からなる名前が中国人（漢族）の名前としては最長のタイプです。中国ではなぜか三文字以上の名をつける人がいないので，五文字以上の名前は存在しません。

もっとも，以上の話は漢族としての中国人のことを言ったもので，モンゴル族やウイグル族をはじめとする少数民族の人々についてはこの限りではありません。例えば，あるモンゴル族の中国人の名前は"呼和巴特尔" Hūhébātè'ěr というように五文字で書き表しますが，それは「ゴボバトール」というモンゴル語の名前を中国語に音訳したものです。またウイグル族の中には"阿依特拉" Āyītèlā のように四つの漢字があてられるような名前の人が少なくありません。

88 彼女の名は「英敏」?!

Q 中国人と文通している友人の話ですが，文通の相手が"李英敏"という名で，長い間男性だとばかり思っていたら実は女性だったというのです。日本なら「英敏（ひでとし）」はまず男性だと思うのですが，中国人の名前には男女の区別がないのでしょうか。

A 確かに日本人の「英敏（ひでとし）」はまず男性でしょうけれど，中国語の世界では"英""敏"いずれも女性の名に多く用いられる字です。幾分の例外を含んだ上でのことですが，中国人

の名前も，多くの字は男女いずれかに偏って用いられる傾向が強く，それを手掛りにおおよその見分けをつけることはできます。

次に挙げるのは，かって私のゼミに参加した女子留学生の名前ですが，やはり女性ならではの文字が揃っています。

李萍 Lǐ Píng，王玲 Wáng Líng，孟英 Mèng Yīng，李小兰(蘭) Lǐ Xiǎolán，邓玉珠 Dèng Yùzhū，张美容 Zhāng Měiróng，陈艳惠 Chén Yànhuì，苏晓君 Sū Xiǎojūn

なによりもまず草冠（くさかんむり）と"玉"および玉偏（ぎょくへん）の字の多いのに気づかれるでしょう。十中八九女性と思ってよい字の代表です。草冠の字は花や植物にまつわるものが多く，そこから美しさ，麗しさ，しおらしさ，あでやかさにつながり，"玉"の字もまた純潔や美のイメージにつながる性質をもっています。この種のイメージにつながる字は圧倒的に女性の名前に用いられる傾向が強いようです。"陈艳惠"の"艳(艷)"や"张美容""美"については何をか言わんやです。ちなみに花と言えば鳥，"燕"yàn や"凤"fèng や"雁"yàn など鳥の字も普通は女性のものです。ただし"鹏"péng（おおとり）くらいのスケールになると男性。そのほか"陈艳惠"の"惠"や"苏晓君"の"君"なども女性に多い字です。そう言えば，いまは亡きテレサ・テンの中国名も"邓丽君"Dèng Lìjūn でした。

一方男性の名には豪快，堅固，強靭といったイメージにつながる意味の字が多く用いられます。"伟"wěi，"宏"hóng，"博"bó，"魁"kuí，"强"qiáng，"刚"gāng，"健"jiàn，"辉"huī，"武"wǔ，"威"wēi，"锋"fēng，"烈"liè，"克"kè，"生"shēng などの字があれば，まず男性と思ってよいでしょう。同音でも「広い」という意の"宏"は男性の字で，色鮮やかな"虹"hóng は女性の字というぐあいで，決め手になるのは音ではなくて，やは

り字の意味です。

"王凤岭（嶺）" Wáng Fènglǐng というように女性の字と男性っぽい字が並んでいる場合には大体後のほうの字が目安になります。この場合は"岭"ですから，まず男性とみてよいでしょう。もっとも女性でも"王志武" Wáng Zhìwǔ というように，イカツい名前の人が時々いますから，絶対こうだと決めつけるわけにもいかないのですが。

そのほかに中性の字とも言うべき，男女いずれにも用いられる字もたくさんあります。例えば"明" míng や"宁" níng がそれです。"李宁"や"王明"が男性であるか女性であるかを読み分ける術は中国の人にもありません。同種のものには，"正、华、国"，ちょっと意外なところで"军"など，枚挙にいとまがありません。"红"の字にしても花の色としての「紅」なら女性ですが，革命のシンボルとしての「紅」なら，原則として男女両用です。例えば"王向红" Wáng Xiànghóng（革命に向かうの意）なら男女いずれの可能性もあります。

89 あの"老舍"は Lǎo Shě, それとも Lǎo Shè?

Q 有名な小説家"老舍"の名前の読み方ですが，Lǎo Shě と読むのが正しいのでしょうか，それとも Lǎo Shè なのでしょうか。

A Lǎo Shě と"舍"を第三声に読むのが正しいようです。老舍は1965年に来日したことがあり，東京でのある講

演会の席上，参加者から「先生のお名前はどう読むのが正しいのでしょうか，Lǎo Shě ですか，それとも Lǎo Shè ですか」という質問が出されたそうです。それに対する老

老　舎

舎自身の答えは，「どちらでもかまいません，どうぞお好きな方を」といった趣旨のものでした。そのせいか二通りの読み方が行われているようですが，老舎のとっさの答えは異国にあっての一種の外交辞令と氏独特のユーモアとみるべきであって，やはり正しくは Lǎo Shě です。

　ところが，本家本元の中国でも，"老舎"の読み方は少々混乱しているようです。ある中学校の教員から《中学语文教学》Zhōngxué Yǔwén Jiàoxué という雑誌の編集部宛にやはり「"老舎"の"舎"はどう読むか」という質問が寄せられました。それに対して老舎のご子息である舒乙さんがQ&A方式で答えています。大変興味深い内容ですので，以下それを訳出して，この問題に対する回答にしたいと思います（原文は少し長いので，一部割愛しました）。

　　問：老舎の"舎"には幾通りの読み方がありますか。
　　答：一般的にいえば，つまり"老舎"というペンネームのことは度外視していえば，"舎"には二通りの読み方があります。一つは shě で第三声，"捨" shě と同じで，動詞，「すてる；要らない」の意味です。もう一つは shè と第四声に読むもの，これは名詞で「すまい」の意味です。

問：じゃ，"老舎"は二通りの読み方があるわけですか。

答：いや一つしか読み方がありません。しかし，今世の中では二通りの読み方，いずれもされているようです。そこで私たちはちょっとしたアンケート調査をしたことがあります。35名の老舎の古い友人を対象にして調べてみたのですが，結果は"老 Shě"と読む人が60%，"老 Shè"と読む人が40%で，まあ大体五分五分といえましょう。

問：ではどのようにして一方の読み方が正しいと判断するのですか。

答：判断の基準として二つあります。第一に，老舎自身がどう読んでいたかということ。第二には"老舎"というペンネームの由来です。さらに，言語学者の方々がどう読んでいるかも権威があります。

問：老舎先生はご自分ではどう読んでいたのですか。

答：彼は"老 Shě"と第三声でいっておりました。私は彼が第四声でいうのを耳にしたことがありません。

問：どういう理由なのでしょうか。

答：これは"老舎"という筆名の由来に関わることです。老舎は本名を"舒庆春"Shū Qìngchūn といいます。両親がつけたものですが，彼は陰暦の12月23日に生まれています。春節まであと7日という日です。そこで縁起がよいようにと，"庆春"，つまり「春の到来を慶ぶ」という名をつけたわけです。やがて老舎は師範学校にゆく頃になると，自分で一つ字をつけ，"舒舍予"というようになりました。この字（あざな）のつけ方はなかなかうまいもので，自分の姓の"舒"を二つに分けて"舍予"の二字としたわけです。しかも，"舍予"というのは"予"が「余，我」ということから，

"舎我"――己れを捨てる，私心や利己心を捨てるという意味，また自分を献げるという意味を含んでいるんですね。中国古代の哲学者・思想家はよく"毋我毋固" wú wǒ wú gù（我なく固なく）とか，"吾之患在吾有身" wú zhī huàn zài wú yǒu shēn（吾の患は吾に身あるに在り）などといったいい方をするでしょう，これらはいずれも自分の個人的な主観の否定，私心の放棄といった意味を含んでいます。ですから"舎予"の含意するところは，こういう中国古典に淵源や根拠をもつわけです。"舎予"における"舎"は動詞で，"捨"shěとイコールで第三声に読みます。のち，彼は"舎予"の第一字目の"舎"を採り，その前に"老"の字を加えて"老舎"とし，自分の筆名としました。これは 1926 年に長編小説《老张的哲学》Lǎo-Zhāng de zhéxué（『張さんの哲学』)を発表したときのことです。"老舎"の"舎"が"舎予"の"舎"と同一の字である以上，発音も当然一致させるべきです。

　以上お話ししました情況は，当時社会で広く行われていた呼称の習慣とも符合しています。例えば，ある人に呼びかけるとき，その名前はいわず，その「字(あざな)」をいうわけです。しかも，よく字の最初の文字を採り，その前に"老"を加えて，尊称とします。これは現在行われている"舒老""舎公"とちょっと相通ずるところがあります。ですから，"舎予"という字(あざな)が生まれて，それから《老张的哲学》で彼が正式に"老舎"と署名するまでの間，実は友人たちの間ではもう"老舎"と彼のことを呼んでいた可能性だってあるわけです。〈中略〉
問：わが国の著名な言語学者は"老舎"をどのように読んで

いますか。

答：あるとき，有名な言語学者の趙元任先生が呉曉鈴教授と侯宝林先生に，「老舎先生の"舎"はどのように読むべきなのですか」とたずねたことがありました。二人は相談もせず異口同音に「名は主人に従うもの，"老 Shě"ですよ，第三声」と答えました。彼らはその時趙元任先生にも「あなたはどう読みますか」とたずね返しましたが，答えは「私も"老 Shě"です」とのことでした。ほかにも，科学院語言研究所の初代所長，羅常培先生，それから国語普及の先駆者の一人で，今台湾の《国语日报》の主編をしている何容先生も"老 Shě"と読んでいました。このお二人は言語学畑の権威でもあり，また老舎の莫逆の友でもあります。何容先生などは昔，人が間違った読み方をすると「彼は"老 Shě"だっていうのに，どうしていつも"老 Shè"，老 Shè"というんだ！」と一再ならず人の間違いを直しておいででしたよ。　　　　　　　　　　（《中学语文教学》1985年第2期，〈"老舍"这个名字该怎么念？〉による）

以上をまとめますと，"老舎"という名前の正確な読み方は"老 Shě"と第三声であり，第四声ではないということになります。

90 魯迅の本名はなんという？

Q　中国の小説では高校時代読んだ魯迅の『故郷』と，最近読んだ老舎の『駱駝祥子(ラクダシャンズ)』が最も印象深いものです

が，この二人の作家の名前はペンネームですか。それから今でも字を使っている人はいますか。

A 魯迅の本名は"周树人"Zhōu Shùrén，字は"豫才"Yùcái。幼名("小名"xiǎomíng)は"周樟寿"Zhōu Zhāngshòu といい，"阿樟"Ā-Zhāng の愛称で呼ばれた時期もあったようです。

"鲁迅"Lǔ Xùn というのは，38歳のころに発表した『狂人日記』以来のペンネーム("笔名"bǐmíng)です。魯迅が友人に語ったところによると，それは，彼が生涯尊敬し，その生きざまに強い影響を与えた母親が"鲁"姓であったことと，その昔，周と魯の国王が同姓であったことから，彼の姓の"周"が"鲁"の字につながること，そして彼自身"愚鲁"yúlǔ（愚鈍）ながらも"迅速"xùnsù に前進することをモットーにしていたこと，などに由来しているそうです。

魯迅はそのほかに，当時の国民党政府による言論弾圧の網をくぐるために"鲁迅"の名を伏せる目的で別のペンネームを使うこともありました。"旅隼"

魯迅　　　周樹人（郁重今刻）

Lǔsǔn, "越客" Yuèkè, "嬬牛" Rúniú, "L・S"……などその数は実に百余りにものぼります。

　魯迅に限らず，中国の作家はほとんどの人がペンネームを使っているようで,老舎もやはりその一人です。本名は"舒庆春" Shū Qìngchūn, 字は姓の"舒"の字を分解して"舍予"，その前の字だけ取って"老"の字をかぶせたのがペンネームの"老舍" Lǎo Shě（☞Q-89）。"鲁迅"の場合と違って，"老舍"は"老"という姓が中国人の姓の中にありそうもないので，まず本名ではないと判断がつきます。ついでに言うと，孔子も孟子もそれぞれ"孔" Kǒng, "孟" Mèng が姓だったのですが，老子の"老"は姓ではなかったのです。老子の姓は"李" Lǐ。

　最後に字についてですが，現在では，字をもつ人が少なくなり，特に新しい世代ではいなくなったようです。七十代後半の文人や老学者の中に残っているぐらいのものです。ちなみに，かの毛沢東は字を"润芝" Rùnzhī といいました。

10 中国語ものしり問答

91 東と西でなぜ「物」になる

Q "买东西" mǎi dōngxi（品物を買う）の"东西"ですが，どうして東と西が合わさって「物」になるのですか。

A これには"东"と"西"の意味をどう考えるかによって，まったく異なる二つの解釈がありますが，いずれも臆測の域を出ず，本当のところはまだよくわかっておりません。

"东"と"西"を方角を表す「ひがし」と「にし」だとした上で，それがどうして「物」になるかを考えたものには次の二説があります。

一つは，まず「物」は"东南西北" dōng nán xī běi の四方に産するとことわっておいた上で，"东南西北"の"东西"によって「物」を代表させるのは，四季"春夏秋冬" chūn xià qiū dōng の"春秋"によって「年月」を代表させるのと同じ道理だとする説です。1985年逝去された中国語学の泰斗，北京大学の王力教授もこの説に傾いておられましたが，確かな証拠はないようです。

もう一つは，"东南西北"と"五行" wǔxíng の"金木水火土" jīn mù shuǐ huǒ tǔ との組合せから説明します。"五行"説では，

"东"と"西"は"木"と"金"にあたり，"南"と"北"は"火"と"水"にあたります。そこで，"木"と"金"，すなわち"东"と"西"は買わねば手にはいらないが，"火"と"水"，すなわち"南"と"北"は買う必要がないと考え，そこから"东西"で交易の対象，つまり「物」を表すようになったという結論を引き出して来ます。しかしこの説はまったくあてになりません。ある中国の先生にこの説を紹介したところ，中国における五行説の横行に苦笑しておられました。

次に"东西"の"东"と"西"を方角の「ひがし」と「にし」とは考えない説を紹介しましょう。

まず"东"と"西"の二字は本来「ふくろ」と「かご」を表す象形文字であって，方角の「ひがし」と「にし」を表すのは，音の相似を利用した「仮借」，すなわち当て字にすぎないと考えます。そこから，物をいれる代表的器物であるふくろとかごを組み合わせることによって，物をいれるための器物一般を指し，さらに進んで入れ物によって中身，つまり「物」を代表させるようになったというふうに考えを進めます。この説も，ふくろとかごで入れ物一般を指すというところまではいいのですが，"东""西"という文字が創造された時期と，"东西"という単語が創造された時期の大きな隔りをどう処理するかなど，困難な問題を抱えています。

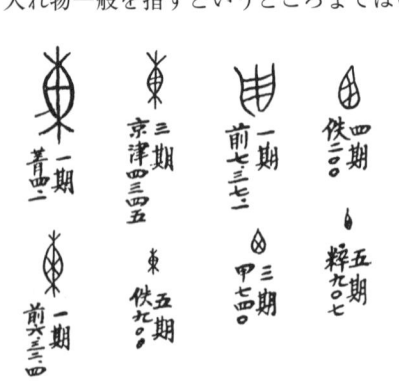

この"东西"に限らず，複合語がどのように構成され，どのようにそ

の意味を獲得するかを研究することは，言語の研究の中でも大きなテーマであり，かつ大変面白い分野です。ことに中国語のような歴史が極めて長く，形成過程の大変複雑な言語においては，研究対象は無尽蔵だと言えます。「白雪姫」のことを中国語では"白雪公主" Báixuě gōngzhǔ と訳しますが，「お姫様」のことを"公主"というのはなぜかご存知ですか？

92 中国語でも母はマーマ，父はパーパ

Q 中国語でも，お母さんはマーマ，お父さんはパーパと言うそうですが，やはり外来語なのでしょうね。

A 外来語であるという証拠は，今のところありません。それより，むしろマーマの [m] パーパの [p] はどちらも赤ちゃんが最初に音を出す時に使う音であるという考え方のほうが納得できます。つまり，赤ん坊が最も言いやすい，口をパクパクさせるだけの mama や papa, baba がそのまま両親を表す語だという考えです。漢字では"妈妈" māma,"爸爸" bàba と書きます。日本語では「はは（母）」は，ずっと以前「パパ」と発音されていたとされます。宮古，八重山方言では，今でもハ行は「パ」行で発音されています。現在でも食物のことを「マンマ」，関西では，おんぶすることを「パッパ」と言いますね。赤ちゃんにとって食物とお母さんは似たようなものでしょう。「パパ・ママ・ワンワン・ニャンニャン」のような繰り返しの言葉は，どの言語に限らず幼児の言葉によく見られます。ですから，マーマ，パーパも言

語普遍的な現象の一つだと言えると思います。

　また親族呼称については，東南アジアの言語に広く見られる興味深い現象があります。例えば日本語で「お兄さん・お姉さん・おじいちゃん」という目上の人を指す語は，そのまま直接呼びかけ語として用いることができますが，反対に，「弟・妹・孫」は直接呼びかけ語として用いることはできません。みなさんが学校から帰った時，「お父さん，ただいま」と言うことはあるでしょうが，お父さんが，「息子，お帰り」と言うことはまずありません。ある日お父さんが，「息子よ」と話を切り出したとしたら，これはもうきっと大変なことが告白されるに違いなく，「タバコ

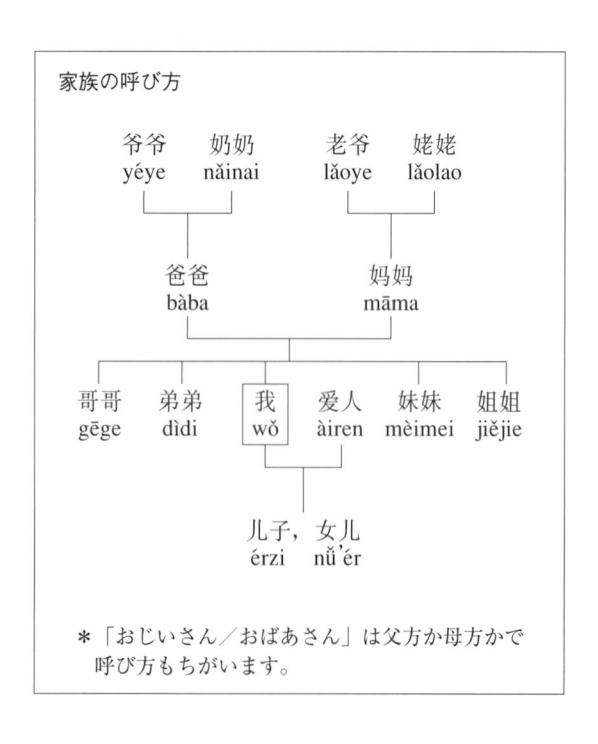

家族の呼び方

爷爷　奶奶　　　老爷　姥姥
yéye　nǎinai　　 lǎoye　lǎolao

爸爸　　　妈妈
bàba　　　māma

哥哥　弟弟　我　爱人　妹妹　姐姐
gēge　dìdi　wǒ　àiren　mèimei　jiějie

儿子，女儿
érzi　　nǚ'ér

＊「おじいさん／おばあさん」は父方か母方かで呼び方もちがいます。

を取ってくれ」なんて話が続くはずはありません。つまり，目下を指す語が直接呼びかけ語として用いられた場合，きわめてドラマチックな効果を持ちます。これは親族呼称のみならず，「先生〜学生」のような語にも見られるのですが，中国語にもそのまま当てはまります。ただ中国語は"孩子"háizi（子供），"弟弟"dìdi（弟）などが呼びかけ語として用いられることがあります。しかし，そこには日本語ほどのことはありませんが，一定の劇的な効果が感じられます。

　中国語の親族呼称は，"爷爷"yéye, "奶奶"nǎinai, "伯伯"bóbo など，繰り返し形が極めて多いのですが，"爸爸、妈妈、哥哥、姐姐"などは"爸、妈、哥、姐"に短縮されることがあります。短縮され得る語が，目上を指す語に限られるのも興味深い現象です。

93 動物のイメージ

Q 中国では猿の鳴き声は悲しい叫びにうけとられていると聞きました。日本でのふざけたイメージとずいぶんちがうのですが，中国人は動物にどんなイメージをもっていますか。

A 現代の日本のような狭くて人口が多く，国土の隅々まで開発の進んだ「人間」王国では，人と野性動物が共存する生活スタイルというのは，もはや特殊な地域を除いては見られません。私たちは知識としては実にさまざまな動物のことを知っ

ており，それぞれの動物に対して各自一定のイメージを作り上げていますが，それがどの程度まで自らの生活体験に根ざしたものであるかは大いに疑問で，結局，絵本や童話やテレビ番組に見られる形象からイメージを作り上げているのではないでしょうか。中国においても，都市部では日本と大同小異ですが，多くの山間部や辺疆においてはまだまだ人と野性動物が共存しており，動物の習性をよく観察することが生きるための条件である地域も少なくありません。中国には漢民族をはじめとして，公称 56 の民族が住んでおり，各民族それぞれに，さまざまな動物観察眼を披露した動物譚をもっています。そういう話をもとに，動物のイメージを大雑把にまとめてみますと，大体次のようになります。私たちがもっているイメージとほとんど重なってしまいますが，そのイメージがどれだけ胸にズシンと響く実感を伴ったものであるかは雲泥の開きがあるでしょう。

　　トラ・オオカミ ── 残忍・強暴
　　ヤギ・ヒツジ　　── 善良・臆病
　　サル・キツネ　　── 狡滑
　　クマ・ウマ　　　── 正直・愚鈍

しかし少し細かくみてゆきますと私たちの描くイメージとズレているところもあります。その一例にウサギをとり上げてみましょう。

　動物譚が生活に根ざしていればいるほど，その動物がかわいいとかかわいくないとかはあまり問題にならず，その行動の習性と外形の特徴の由来が主要なテーマになります。ウサギだと他の動物と比較して見た場合，極めて特異な短い尾，赤い目，長い耳，裂けた唇の由来が問題になります。行動習性から導かれたウサギのイメージは，良く言えば"聪明"cōngming（賢い），"机灵"

jīling（頭の回転が速い）であり，悪く言えば"狡猾"jiǎohuá（ズルい），"阴险"yīnxiǎn（陰険だ）となります。そのため，機転をきかせて，ヤギやヒツジやゾウをオオカミやトラから救ってみたかと思うと，小才に頼ったがためにひどい目にあったりします。「因幡の白兎」の話を思い出して下さい。中国内陸部の青海・甘粛に住む撒拉（サラール）族の話では，オオカミとキツネとウサギを並べて，オオカミを貪婪，キツネを狡猾，ウサギを陰険としています。私も自分で小屋を作り，タンポポの葉を食べさせウサギを飼ったことがあります。しかしウサギを賢いとかズルいとか思ったことは一度もありません。それは私の見たウサギが弱肉強食の自然界で自ら生きてゆくウサギではなく，ウサギ小屋に飼われた臆病で柔順な小動物だったからです。

　漢民族の諺やかけ言葉に見られるウサギのイメージも，だいたい，狡滑とか臆病といった否定的なものです。また，子供を口汚く罵るときの言葉に"兔崽子"tùzǎizi（ウサギの子）というのがありますが，どうもこれはウサギの生殖行動と関連して生まれたもののようです。中国の罵り言葉は出生の怪しさや生殖のことをとりあげて人を罵ることが最も一般的で，頻繁にでてくるものに"他妈的"というのがありますが，これを国旗，国歌等にひっかけ"国骂"guómà と呼んだ人がおりました。

94 中国のウマは鳴かない!?

Q 「ワンワン」とか「コケコッコー」とかいう擬音語は,中国語ではどういうのですか。

A 動物の鳴き声に限らず,擬音語というのは本来外界の音をまねたものですから,言語を超えて同じであっていいわけですが,なかなかそうは問屋がおろさないようです。特に,ブタはブーブー,ウマはヒヒーンといった,誰に聞いてもそう答える,規範化され一般化された擬音語は,言語間の差が大きくなる傾向があります。例えばオンドリですが,日本語では「コケコッコー」,中国語では"wō, wō, wō"("喔"という漢字をあてます),英語では「*cock = a = doodle = doo*」と鳴きます。

同じ言語の内部でも,方言によって違いがあります。例えば自動車の警笛ですが,北京では"dī, dī"と言い,上海では"bā, bā"と言うのだそうです。

以下に,ある小説からとった,なるべく写実的だと思われる擬音語を掲げてみました。これを見ると私たち日本人の感覚と合うものが少なくありません。ここで写実的擬音語というのは,上に述べた規範化され一般化された擬音語に対して言っています。日本語でいえば,犬の規範化された「ワンワン」という鳴き声に対する「キャィンキャィン」(負け犬が走り去る時の鳴き声)のようなものです(声調は省きます)。

・aoniang, aoniang(負け犬が走り去るときの声)
・ng, ng, ng(ブタがビックリして走り回るときの声)
・gala, gala(川の水が石ころをころがす音)

- gachi, gachi（馬のひずめが岩を踏む音）
- kachi, kachi（銃剣と銃剣が激しくぶつかり合う音）
- shala, shala
　　　　（枯草がかわいた地面の上を風に吹かれころがる音）
- huala, huala（水がバケツから勢いよくあふれ出る音）
- pili, pala（木立が火に焼かれパチパチと燃える音）
- gaba, gaba（農家が猛火に包まれて燃えているときの音）
- gulu, gulu（空腹で腹が鳴るときの音）
- pulu, pulu（勢いよく水をかけて顔を洗うときの音）
- huchi, huchi（蒸気機関車が蒸気をはき出す音）
- hong1onglong（雨降り前の遠雷の音）
- sha, sha, sha（雪片が窓紙にあたるときの音）
- chi, chi, chi（導火線が燃える音）

　次に北京の動物の鳴き声を若干紹介しましょう。ネコは"miao"（"喵"），イヌは"wang"（"汪"），ヒツジは"mie"（"咩"），ウシは"menr"[mər]，カラスは"a"，カエルは"gua"，スズメは"jia"，ヒヨコは"ji"と鳴きます。

　さて，日本人ですと3歳の子供でもブタは「ブーブー」，ウマは「ヒヒーン」と答えるのですが，このような一般的な鳴き声が中国のブタと，ウマにはどうもないようです（辞書には，"咴儿咴儿" huīrhuīr と出ていますが，これはロバなどの鳴き声とも共通です）。中国の人にブタとウマはどう鳴くのかと聞きますと，「知らない」と答えるか，極めて写実的に鳴きまねをしてくれるかのどちらかです。なぜそうなのか，むしろ日本語のほうが変わっているのかも知れません。中国人以外にも，ブタやウマの一般的な鳴き声を知らないと答える外国人は少なくありませんので。

95 「ラーメン」ください

Q 中国へ行って本場のラーメンを食べたいと思いますが,「ラーメン」と言って通じるでしょうか。

A 日本語の「ラーメン」の語源は"拉面"lāmiàn だとも"柳面"liǔmiàn だとも言われたりしますが,定かではありません。"拉面"とは練った粉を繰り返し手で引きのばして打ってゆくこと。あるいはそうして出来上った調理前の手打ち麺のことで,調理されてテーブルに出てくる料理の名前ではありません。万一,幸運にも食堂の"服務員同志"fúwùyuán tóngzhì があなたの「ラーメン」という発音を"lāmiàn"のことだと理解してくれたとしても,ご所望のラーメンにありつけることはまず不可能でしょう。

"柳面"のほうはこれは調理された麺料理の名前で比較的わたしたちのラーメンに近く,麺の極細なのが特徴です。ただし,北京あたりの食堂ではなかなか見当たりませんから,どうやら南方の料理のようです。いずれにしても"liǔmiàn"という音は,先の"拉面"以上に「ラーメン」という音とは差がありますから,たとえ南方へ旅行されても「ラーメン」と言って,この"柳面"がテーブルに上がることは望み薄です。

とにもかくにも「ラーメン」では通じないということですが,それでは一体何と言えばよいのか。ひとこと"要一碗汤面。"Yào yìwǎn tāngmiàn.(タンメンひとつちょうだい)と言ってください。なあんだ,「タンメン」でいいのかとお思いの方,「タンメン」と発音したのでは「ラーメン」と五十歩百歩です。注文の際

には正確に"tāngmiàn"と発音してください。種類は添えられる具によって，"素汤面" sù tāngmiàn（たまごやトマトなどの野菜が少し添えられたあっさりラーメン），"鸡丝汤面" jīsī tāngmiàn（とりの細切り肉入りラーメン），"牛肉汤面" niúròu tāngmiàn など何種類かあります。味付けは全般に日本のラーメンより薄味で，麺も白っぽく，腰が強くありません。

ちなみに，ギョーザは"饺子" jiǎozi，シューマイは"烧卖" shāomài，ジャージャーメンは"炸酱面" zhájiàngmiàn，焼きそばは"炒面" chǎomiàn，チャーハンは"炒饭" chǎofàn，肉まんは"肉包子" ròubāozi。

ただ「ラーメン下さい」とか「ギョーザ下さい」だけでは「いくつ?」と聞かれますから，必ず"要一碗汤面。"とか"要一份饺子。" Yào yífènr jiǎozi.（ギョーザ一人前ください）というように数量も一緒に言いましょう。もし，もう少し中国通であることを誇示したいのなら，そして，大きなホテルのレストランなどではなく，街の大衆食堂などであれば「一人前」とか「ひとつ」という注文の仕方はやめて，中国人がやるように，"要二两饺子。" Yào èr liǎng jiǎozi.（ギョーザ100g下さい）と言いましょう。中国ではギョーザもソバも"两"とか"斤" jīn という重さで売るのです。食堂で耳をすまして聞いてみてください。ご飯だって重さで頼むんです！

96 「チンヂャオロース」に「ホイコーロー」

Q 中国のレストランでメニューを見ても、いまひとつどんな料理かわかりません。材料や調理法が示されているとききましたが、例えば"青椒肉丝"とはどういうものなのでしょうか。

A "青椒" qīngjiāo とはピーマン、"肉丝" ròusī とは肉の細切り、しかも中国語では普通"肉"と言えば豚肉のことですから、これは豚肉の細切りのこと。つまり"青椒肉丝"とは「ピーマンと豚肉の細切りの炒め物」です。中華料理の名前の付け方にはいろいろなタイプがありますが、このように素材の名を並列させるのもそのうちの一つです。乾したムキエビ("海米" hǎimǐ)と白菜を炒め合わせた"海米白菜" hǎimǐ báicài、栗("栗子" lìzi)とトリ肉を煮込んだ"栗子鸡" lìzijī なども同様の名付け方です。

素材のほかに料理法や味付けを表す言葉を盛り込んだ命名法もあります。中華料理のメニュー("菜单" càidān)を見ると"炒" chǎo や"烤" kǎo や"烧" shāo、"爆" bào などの字がよく目につきますが、これらはみな料理法を示す動詞です。ご飯を"炒"したものが"炒饭" chǎofàn(チャーハン)で、麺を"炒"したのが"炒面" chǎomiàn(やきそば)、味噌("酱" jiàng)を加えて豚肉のサイの目切り("肉丁" ròudīng)を"爆"(少量の油を用いて強火で素早く炒める)したものが、"酱爆肉丁" jiàngbào ròudīng といったぐあいです。"烧"になると、「予め"炒"した素材を調味し、スープを加えて弱火でやわらかくなるまで加熱する」とい

いますから，かなり時間がかかります。「煮る」一つにしても"煮"zhǔ，"炖"dùn，"煨"wēi，"烹"pēng，"烧"shāo……と多種多様で，それぞれをこのように違った動詞で細かく呼び分けるあたりがまさに中華料理の奥深さ！

私の大好物の一つに"回锅肉"huíguōròuというのがありますが，これも柔らかく煮た豚肉を一度鍋から出し，さましてから再び鍋に返す。つまり"回锅"して炒めた肉料理という意味ですから，やはり調理法からの命名の一種といえるでしょう。

また，料理の仕上がりのようすを何かの姿かたちに見立てて名づける，「隠喩式命名法」とでも呼ぶべき料理名もあります。特に玉子を使った料理では，"鸡蛋"jīdànの"蛋"が罵言につながるところからこれを避けて，"芙蓉银耳"fúróng yín'ěr（シロキクラゲの卵白和え）や"木犀肉"mùxiròu（玉子と豚肉の炒め物）のように名づけられます。"芙蓉"とは，ふんわりと白くふくらんだ卵白のようすをハスの花に見立てたもの，"木犀"とは，淡く黄色いかき玉子のようすをモクセイの花に見立てたものです。

味付けを知る目安としては"鱼香～"yúxiāngや"糖醋～"tángcùがあります。"鱼香肉丝"yúxiāng ròusī（豚の細切りチリソース味）というような料理がありますが，"鱼香"とあるのは一般にチリソースで味付けしたもので，これなどは素材に味付けをかぶせた命名法といえます。"糖醋"のほうは甘酢味のことで，これも後に"鱼片"yúpiàn（魚の薄切り），"里脊"lǐji（ヒレ肉）など素材の名前が続くのが普通です。ところで，一口に甘酢味とは言っても，"糖醋"という以上は甘みが先で，やや遅れて酢味を感じるという味付けでなければ本物ではなくて，その逆ではいけない。従って"酸辣汤"suānlàtāngというようなスープの場合も，同様に，まず酢っぱく（"酸"），一味遅れてピリッ（"辣"）と来

るような味に仕上げなければならないというのがコックさんの常識だといいますから、これまた恐るべき「四千年（?）の味」！

97 中国の鉄道路線

Q 中国の鉄道で"京沪线"Jīng Hù xiàn とか"黔桂线"Qián Guì xiàn とかあります。"京"が北京を指していることは想像できますが、"沪"とか"黔""桂"というのはどこのことですか。

A 中国の"铁路"tiělù（鉄道）の路線名は、日本の私鉄の阪神・京阪・東横線などと同じように両端の駅名や都市の名の一部をとって並べるのが基本です。"京广线"Jīng Guǎng xiàn は、北京－広州間で、"京哈线"Jīng Hā xiàn は北京－ハルビン間の路線のことです。支線に多く見られますが、"旅顺线"Lǚshùnxiàn（"大连"Dàlián －"旅顺"），"塘沽线"Tánggūxiàn（"天津"Tiānjīn －"塘沽南"）のように一方の名だけをとったものもあります。しかし大部分は両端をとったものと考えて間違いありません。ただ中国の地名はさまざまないきさつがあっていくつかの別称があるのが普通です。鉄道等でよく使われる省・都市の別称・略称を表に掲げておきます。

おたずねの"京沪线"Jīng Hù xiàn は北京－上海線、"黔桂线"Qián Guì xiàn は貴陽－南寧線ということになります。

中国でも日本と同じような"时刻表"shíkèbiǎo が発売されています。時刻表片手に汽車の旅というのもなかなかのものです。

直轄市・特別行政区・省・自治区の別称・略称と省都・区都等所在地

北京市	京 Jīng	北京	湖南省	湘 Xiāng	长沙
天津市	津 Jīn	天津	广东省	粤 Yuè	广州
河北省	冀 Jì	石家庄	广西壮族自治区	桂 Guì	南宁
山西省	晋 Jìn	太原	海南省	琼 Qióng	海口
内蒙古自治区	内蒙古 Nèiměnggǔ	呼和浩特	重庆市	渝 Yú	重庆
辽宁省	辽 Liáo	沈阳	四川省	川，蜀 Chuān, Shǔ	成都
吉林省	吉 Jí	长春	贵州省	黔，贵 Qián, Guì	贵阳
黑龙江省	黑 Hēi	哈尔滨	云南省	滇，云 Diān, Yún	昆明
上海市	沪 Hù	上海	西藏自治区	藏 Zàng	拉萨
江苏省	苏 Sū	南京	陕西省	陕，秦 Shǎn, Qín	西安
浙江省	浙 Zhè	杭州	甘肃省	甘，陇 Gān, Lǒng	兰州
安徽省	皖 Wǎn	合肥	青海省	青 Qīng	西宁
福建省	闽 Mǐn	福州	宁夏回族自治区	宁 Níng	银川
江西省	赣 Gàn	南昌	新疆维吾尔自治区	新 Xīn	乌鲁木齐
山东省	鲁 Lǔ	济南	香港特别行政区	港 Gǎng	香港
河南省	豫 Yù	郑州	澳门特别行政区	澳 Ào	澳门
湖北省	鄂 È	武汉	台湾省	台 Tái	

私は"成昆线"Chéng Kūn xiàn（成都－昆明）が一番気に入っています。"彝族"Yízú をはじめ多くの少数民族の住む地域を通り抜ける全長1100キロメートルの山岳鉄道です。

98 「李行徳お父さんへ」——手紙の宛て名の書き方

Q 文通を始めましたが，宛名の書き方に困っています。相手は天津で通訳をしている30歳前後の女性で，私（27歳。公務員，男）への手紙には宛名のあとにいつも"先生"と書いてあります。私のほうは何と書けばよいのでしょうか。

A 相手が男性であれば，あなたも"先生"xiānsheng を使って"○○先生收"xiānsheng shōu（○○様へ）と書けばいいのですが，相手が女性ということであれば"女士"nǚshì を使って"○○女士收"とするのがいいでしょう。日本語では男女いずれを問わず宛て名の後には「様」を用いますが，中国語では男女を区別して"先生"と"女士"を使い分けるのが近年の習慣です。英語で *Mr.* と *Ms.* を使い分けるのと似ています。

以前は，中国人同士の手紙のやりとりには，男女の区別や目上目下の区別を問わず，"○○同志收"tóngzhì shōu のように"同志"が広く用いられたものですが，最近では"同志"の影は薄くなり，敬意のこもった"先生"や"女士"に取って代わっています。また，相手の職種によっては，"教授"jiàoshòu，"局长"júzhǎng，"所长"suǒzhǎng，"主任"shǔrèn など，敬称に値するいくつかの職称

を用いて一層の敬意を表す場合も少なくありません。かつては幅を利かせた"同志"も今では公的な書簡の宛て名にしか用いられないようです。

　中国人同士の私信のやりとりで，日本語の習慣とかなり違っていて面白いのは，宛て名に相手の姓名だけを書いて"先生"や"女士"などの敬称を一切添えないというケースが少なくないということです。先の"先生"や"女士"はやや距離を置いた，改まった感じの敬称ですから，身内や仲間内の親しい間柄には却ってなじまないところがあるようです。そこで，若年層の友人同士の間で交わされる手紙や，親から子への手紙，あるいは兄から弟，姉から妹への手紙などでは，相手の氏名だけを書いて敬称をなにも添えないということがごく普通に行われます。いかに親しい間柄でも手紙の宛て名が「呼び捨て」では許されない日本語の習慣からすると，ちょっと考えにくいことですが，中国では珍しくないことです。

　いま，「親から子へは敬称を用いない」と言いましたが，では子から親に出す手紙の場合はどうでしょうか。ここでも"先生"や"女士"を用いることには心理的な抵抗があるようで，その場合は，例えば"李行徳父収"Lǐ Xíngdé fù shōu や"张璞母収"Zhāng Pú mǔ shōu のように親族名称を活用します。兄や姉に対しては氏名の後に"兄"xiōng や"姐"jiě を添えるといったぐあいです。ちなみに"兄"や"姐"は，学年が上の"同学"tóngxué に手紙を出すときにもよく用いられます。

　こうしてみてみると，中国語の手紙の宛て名に用いる敬称はずいぶんと多様であることがおわかりいただけると思います。日本語の宛て名の書き方は，「〜先生」を別にすれば，ほとんど相手のだれかれを問わず「〜様」か「〜殿」の一辺倒であり，相当に

形式化していると言えますが，中国語では書き手と相手の関係をかなり忠実に反映した，より細かな書き分けが行われているということが言えるでしょう。

99 年号の話

Q 「明治」「大正」「昭和」のように年号を用いる風習は中国に始まったものだと聞いておりますが，今の中国にはもう年号はないのですか。

A 年号は封建社会における皇帝が新たに即位したときに，自分の治世の繁栄富強・平安太平を念じてつけるもので，"永平" Yǒngpíng とか "太康" Tàikāng とか "永乐" Yǒnglè とか "如意" Rúyì とか，それをつける心境は，父親が初めて抱き上げたわが息子（娘にあらず）に，きばって名前をつけるときに似たものであったでしょう。

皇帝の即位があって始めて年号もあるわけですから，皇帝のいない今の中国に，年号のあろうはずがありません。現在は西暦一本槍で，例えば西暦2009年ならば "公元二〇〇九年" となりますが，"二〇〇九年" は日本語のように「二千九年」とは言わず，粒読みにし èr líng líng jiǔ nián と言います。ただし，歴史上重大な事件の発生年次に言及したりするときは，しばしばおごそかに "公元一千九百四十九年"（中華人民共和国成立の年）のように読み上げます。49年とか，949年とか四桁に満たない年次の場合にも同様のことが言えます。

話を年号に戻しましょう。中国最後の年号は，清朝第十二代皇帝遜帝・愛新覚羅溥儀の年号"宣統"Xuāntǒng です。溥儀のことを"宣統皇帝"Xuāntǒng huángdì と，年号に「皇帝」をつけて呼んだりしますが，これは明代から一皇帝一年号と定まったため，年号で皇帝を呼んでも誤解を生むおそれがなくなったからです。『康熙字典』でおなじみの清の聖祖は，在位60年の間ずっと"康熙"Kāngxī という年号で通しました。明以前には，一皇帝一年号というきまりはなく，中国の皇帝で始めて年号を用いた漢の武帝は，最初の年号"建元"Jiànyuán から始まって在位54年の間に11の年号を用い，唐の高宗の皇后で後に女帝として名高い武則天は14の年号を用いています。

台湾では現在"民國(国)××年"という言い方を用いていますが，"民國(国)元年"は孫文が南京で臨時大総統に就任し，中華民国臨時政府の成立を宣言した1912年です。

100　ジャンケンポンは中国語？

Q 「ジャンケンポン」はもともと中国語だそうですが本当ですか。

A 国語辞典や外来語辞典を引きますと，「ジャンケン」は"両拳"liǎngquán または"石拳"shíquán の中国音であろうという説明が載っています。「ポン」に関しては，日本語なのか中国語なのかよくわかりません。日本語の「ホイ」の訛ったものと考える説が最も一般的ですが，"両拳碰"liǎng quán pèng の

中国音だとする外来語辞典もありましたが,何を根拠にしたものか知りません。この"碰"は麻雀（マージャン）の「ポン」と同じです。この説によると,ジャンケンポンとは"両拳碰",つまり「二つの拳が出合う」という意味です。

さて,"拳"を「ケン」と聞くのはいいとしても,「ジャンケン」が"両拳"だとすると,"両"を「ジャン」と聞くのはいかにも奇妙なのですが,鹿児島には小さなお餅をいくつか二本の串にさした「ジャンボ餅」という食べ物があり,その「ジャンボ餅」は「ジャンボ・ジェット」の「ジャンボ jumbo」ではなくて,「両棒」であるというのが,大槻文彦の『大言海』に見えます。ただし『大言海』は「ジャンケン」を"石拳"の中国音だとする説を採っています。

現在,中国で「ジャンケンポン」は"猜（cèi）猜（cèi）猜（cèi）・猜（cèi）dīng ké"（北京）と言ったり,"猜（cê）dong 猜（cê）"（上海）とか"dīng gāng 錘（chuí）"（長春）と言ったりするところもあり,おそらく地方によりさまざまに言われるのだと思います。これは日本語でも同じで,例えば大阪では,「ジャンケンポン」と言うことは少なく「インジャンホイ」と言います。ただ日本語の「あいこでしょ」にあたる表現はどこにもないようです。その場合北京では「グウ,チョキ,パー」にあたる"石头" shítou,"剪子" jiǎnzi,"布" bù（石・ハサミ・布）なり,"猜"なりを繰り返して言うのだそうです。私の学生が下関の面白いかけ声を教えてくれましたので,下に紹介しておきます。

　一回目：ジャンケンもってスッチャンホイ
　二回目：あいこでアメリカ,ヨーロッパ
　三回目：パッパッパリスの洋服屋
　四回目：ニッニッ肉屋の食べ放題

なお、"石头"は地方により"榔头"lángtou（ハンマー）と言ったり、"锤子"chuízi（金づち）と言ったりしますが、西北部や西南部の方言では、"锤子"は下品な罵り言葉となるので注意して下さい。

101 スズメとマージャン

Q 麻雀は中国からきた遊びだと聞きましたが、あちらでもみんな楽しんでいますか。

A 中国の若い留学生の話ですが、北京から東京に来たばかりの頃、東京にはどうしてこんなにスズメを売る店ばかりあちこちにあるんだろうと不思議でならなかったそうです。彼がスズメ屋（?）だと思い込んでいたものが実はジャン（麻雀）荘のことだったというのを知ったのはだいぶ後のことだそうです。それもそのはず、中国語では"麻雀"máquèと書けば、南方の方言を除いて普通にはスズメの意。マージャンのことなら"麻将"májiàngというのが一般です。

中国ではマージャンをする（"打麻将" dǎ májiàng）ことは文化大革命中（1966～76年）に禁止されましたが、その後解禁され、98年には国家体育総局（中国ではマージャンは"体育"なのです!）から《中国麻将比赛规则》Zhōngguó májiàng bǐsài guīzé がだされました。いわば国家公認になったわけです。現在では比較的年配の層を中心にたくさんの人が楽しんでおり、路地裏などではマージャン卓を囲む姿が見られます。

マージャンと並んで中国の人たちが好きなのは"象棋"xiàngqí（中国将棋）に"囲棋"wéiqí（囲碁）。将棋のルーツは一説によれば二千年前のインドにまで遡るそうで，それが西方へ渡ってチェス（"国际象棋"）guójì xiàngqí となり，東の中国に伝わってのちの"象棋"になったとのことですが，いずれにしても中国将棋の始まりは唐代頃だそうで，春秋戦国の頃にすでに盛んだった囲碁（"围棋"wéiqí）よりも歴史は新しいようです。休日の公園など，お年寄りがキセルタバコをくわえながら対局，そのまわりを何人かのやじ馬が観戦といったような風景も珍しくありません。《北京晩報》というような夕刊には棋譜の連載もあって楽しみにしている読者も少なくないようです。

囲碁は，日本では街中に碁会所があり，中高年層が多く楽しんでいるようですが，中国では大人はもちろん，都市部では子どもを対象とした囲碁教室なども開かれています。特に中国では囲碁は知能の発達に良いと考えられています。子どもの頃から囲碁のエリート教育を受ける子もいて，小学校の低学年ですでに段を持っている子どももいます。ちなみに，日中で同じ段であっても圧倒的に中国のほうが強く，日本は歯がたちません。何といっても中国の囲碁人口は3000万人ともいわれているのですから。

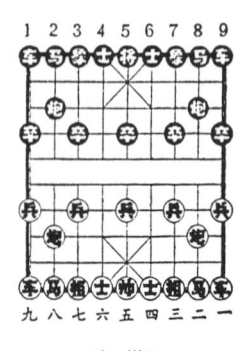

近年パソコンの普及にともなって，マージャンも将棋も囲碁も，コンピュータのゲームとして楽しまれることも増えています。これは日本と同じ状況のようです。

"象棋"

参 考 文 献

※本書執筆にあたり参考にした主な文献

陈原 1983,《社会语言学》学林出版,上海。

高名凯・刘正埮 1958,《现代汉语外来词研究》文字改革出版社,北京。

《汉语学习》编辑部 1981,〈问题征答〉(《汉语学习》1981 第3期)

—— 1986,〈问题征答答案〉(《汉语学习》 1986 第3期)

胡明扬 1981,〈北京话的语气助词和叹词〉(《中国语文》 1981 第5,6期)

胡裕树主编 1979,《现代汉语（修订本)》上海教育出版社,上海。

刘汉民 1982,〈同字同音省略〉(《语言研究》vol.3)

刘月华・潘文娱・故韡 1983,《实用现代汉语语法》外语教学与研究出版社,北京。

类警予・胡丁一主编 1985,《中学生词典》吉林文史出版社,长春。

吕叔湘 1983,《吕叔湘语文论集》商务印书馆,北京。

—— 1984,《汉语语法论文集（增订本)》商务印书馆,北京。

—— 1984,〈"谁是张老三？"="张老三是谁？"？〉(《中国语文》 1984 第4期)

—— 1999,《现代汉语八百词（增订本)》商务印书馆,北京。

毛修敬 1984,〈北京话儿化的表意功能〉(《语言学论从》vol.12)

任学良 1981,《汉语构词法》中国社会科学出版社,北京。

徐世荣 1979,〈普通话语音和北京土音的界限〉(《语言教学与研究》 1979 第1期)

—— 1980,《普通话语音知识》文字改革出版社,北京。

许德楠　1979,〈"一"的变调规律同语法作用的关系〉《语言教学与研究》　1979　第一期)

姚麟园主编　1982,《中学语文教师手册》上海教育出版社,上海。

詹伯慧　1981,《现代汉语方言》湖北人民出版社,湖北。

赵元任　1980,《语言问题》商务印书馆,北京。

朱自清　1985,《语文影及其他》中国文联出版公司,北京。

あらかわ・そうべえ　1977,『外来語辞典』角川書店,東京。

一海知義　1981,『漢語の知識』(岩波ジュニア新書) 岩波書店,東京。

大河内康憲　1981,「中国語の色彩語」(『日本語と中国語の対照研究』No.7)

輿水優　1977,「中国語における敬語」(『岩波講座日本語 4』岩波書店,東京。

[著者紹介]（五十音順）

相原　茂（あいはら　しげる）
1948年福島県生れ。東京教育大学大学院修士課程修了。
中国語コミュニケーション協会代表。中国語学。

木村英樹（きむら　ひでき）
1953年京都市生れ。東京大学大学院修士課程修了。
東京大学教授。中国語学。

杉村博文（すぎむら　ひろふみ）
1951年徳島県生れ。大阪外国語大学大学院修士課程修了。
大阪大学教授。中国語学。

中川正之（なかがわ　まさゆき）
1945年広島県生れ。大阪外国語大学大学院修士課程修了。
立命館大学教授，神戸大学名誉教授。中国語学。

しんぱん　ちゅうごく　ご　にゅうもん
新版　中国語入門 Q & A 101

Ⓒ相原茂,木村英樹,杉村博文,中川正之　2003　　　NDC820/ix, 220p/19cm

初版第1刷 — 1987年5月1日
新版第1刷 — 2003年3月3日
　第2刷 — 2009年9月1日

著　者	———	あいはらしげる　　きむらひでき　　すぎむらひろふみ　　なかがわまさゆき 相原茂 / 木村英樹 / 杉村博文 / 中川正之
発行者	———	鈴木一行
発行所	———	株式会社大修館書店

〒101-8466 東京都千代田区神田錦町 3-24
電話 03-3295-6231（販売部）03-3294-2353（編集部）
振替 00190-7-40504
［出版情報］http://www.taishukan.co.jp

装丁者	———	岡田和子
印刷所	———	壮光舎印刷
製本所	———	難波製本

ISBN978-4-469-23225-7　　　Printed in Japan
Ⓡ本書の全部または一部を無断で複写複製（コピー）することは，
著作権法上での例外を除き禁じられています。

中国関係出版物案内

中国語学習 Q & A 101

相原　茂・木村英樹・杉村博文・中川正之　著

四六判・250 頁
本体　1,800 円

中国語教室 Q & A 101

相原　茂・荒川清秀・喜多山幸子　著
玄　宜青・佐藤　進・楊　凱栄

四六判・250 頁
本体　2,200 円

中国語ステップ 40　第 2 版

菊田正信・黄麗華　著

B 5 変・104 頁
本体　2,000 円
〈テープ 1 巻〉本体　2,800 円

中国語学習ハンドブック　改訂版

相原　茂　編著

A 5 判・338 頁
本体　2,200 円

新訂 中国語概論

藤堂明保・相原　茂　著

A 5 判・346 頁
本体　2,800 円

中国語文法教室

杉村博文　著

A 5 判・306 頁
本体　2,600 円

中国語基本語ノート

輿水　優　著

B 6 判・330 頁
本体　2,200 円

続 中国語基本語ノート

輿水　優　著

B 6 判・530 頁
本体　3,600 円

陳真さんの北京だよりーくらしとことばー

陳　真　著

四六判・274 頁
本体　1,900 円

大修館書店　　　　　　　　　　　定価＝本体＋税 5％（2009 年 8 月現在）